오늘 당신의 길에
하나님이 함께하시기를!

**오늘 당신의 길에 하나님이 함께하시길!**

초판 1쇄 발행  2022년 3월 28일

글쓴이  류창현
펴낸곳  한국선교KMQ

편집PD  최선희
교정  전은옥
북디자인  이지온

**한국선교KMQ**

출판신고  제2017-000025호
홈페이지  http://kmq.kr
이메일  kmqdesk@gmail.com
연락처  070-5222-3012

Copyright ⓒ by 류창현 All rights reserved.
이 책은 저작권법에 의해 보호를 받는 저작물이므로 무단전재와 무단복제를 금합니다.

979-11-973435-7-5 (03230)
값 10,000원

오늘 당신의 길에
하나님이 **함께하시기를!**

류창현

# CONTENTS

추천 글  박용규 교수
추천 글  성남용 목사

들어가는 말  11

**1. 하나님의 함께하심 - 무소부재와 임재  19**
　사람의 행복은 하나님께
　하나님의 얼굴 앞에 서기
　예수 그리스도와의 만남

**2. 족장들과 함께하심 - 하나님의 약속 지키기  33**
　아브라함에게 찾아오신 하나님
　하나님이 함께하심 보여주기
　언약에 신실하신 하나님
　야곱에게 찾아오신 하나님

**3. 요셉과 함께하신 하나님 - 형통  53**

**4. 모세와 함께하신 하나님 - 구별하심  63**
　세상과 구별되라
　하나님이 함께하심은 우리의 의지가 아닌 하나님의 의지이다

**5. 여호수아와 함께하신 하나님 - 용기  77**
　전쟁에서 승리하는 비결

**6. 기드온과 함께하신 하나님 - 은혜  85**

**7. 다윗과 함께하신 하나님 - 의지함  91**
　부족함을 깨닫는 자
　하나님의 침묵
　하나님에 대한 다윗의 발견

**8. 이스라엘 백성과 함께하신 하나님 - 언약**　103

**9. 눈물의 선지자 예레미야와 함께하신 하나님 - 소명**　111
　　약한 데서 온전해지는 주의 능력

**10. 에스라와 함께하신 하나님 - 하나님의 선하신 손**　119

**11. 임마누엘의 하나님 - 약속의 성취**　125

**12. 너는 내 안에, 나는 네 안에 - 신비한 연합으로 함께하심**　131
　　주 안에서
　　그리스도 안에서
　　성령 안에서

**13. 하나님의 함께하심과 유혹, 그리고 넘어짐**　147

**14. 영원히 함께하시는 하나님 - 소망**　155

**15. 하나님과 함께하는 비결**　161
　　마음 문 열기
　　교제하기
　　동행하기
　　하나님 부르기
　　주님 닮아가기

**16. 오늘도 우리와 함께하시는 하나님 - 약한 그때에 곧 강함**　179

　　나가는 말　189

## 추천 글

하나님과의 동행은 믿음의 사람들에게 주어진 최고의 축복이다. 창세기 5장 21-24절에서 모세는 에녹이 "삼백 년을 하나님과 동행하며" 자녀들을 낳았고, 삼백육십오 년을 살면서 "에녹이 하나님과 동행하더니 하나님이 그를 데려가시므로 세상에 있지 아니하였더라"라고 증언하였다. 이어서 그는 노아 역시 "의인이요 당대에 완전한 자라 그는 하나님과 동행"하였다고 기록하였다.

이 책에는 하나님과 동행한 믿음의 선진들의 생애로 가득하다. 이를 통해 저자는 하나님과 동행하는 삶의 중요성을 다른 사람들이 보지 못하는 깊이 있는 믿음의 혜안으로 매우 훌륭하게 정리하였다. 무엇보다도 류창현 선교사의 체험적인 고백이 그대로 글에 잘 녹아들어 있다. 그리하여 독자에게 하나님과 동행하는 삶을 살고 싶도록 강한 도전을 준다. 목회자가 이 책을 읽고 사랑하는 교우들과 함께 나누면 교우들에게도 큰 힘과 격려가 되겠다는 생각을 하였다. 하나님과 함께하심의 비밀이 이 책을 통해서 수많은 이들에게 전해져 성경의 진리를 재확인하고, 말 그대로 세상을 이기는 비밀 병기가 되었으면 좋겠다.

하나님과의 동행이 믿음의 선진들의 고백이듯이, 하나님께서 주신 거룩한 소명을 자신의 책무로 여기고 평생 주님과 동행하며 사역을 감당한 류창현 선교사의 믿음 어린 고백이 이제 우리 모두의 고백이 되기를 소망해 본다.

**박용규**
(총신대학교 신학대학원 명예교수,
한국기독교사연구소 소장)

# 추천 글

　　책의 내용을 잘 전달하려면, 저자에게 세 가지가 필요하다. 그것은 아리스토텔레스가 설득의 방법으로 언급한 '에토스', '파토스', '로고스'이다. 이 책에는 그 세 가지가 다 들어 있다. '에토스(Ethos)'는 메신저가 메시지라는 뜻이다. 삼십 년을 러시아 선교사로 살았던 류창현 선교사의 삶과 사역, 신학과 선교가 이 책에 녹아 있다. 그는 치열했던 선교사의 삶을 하나님의 함께하심의 복이었다고 술회한다. '파토스(Pathos)'도 이 글에 들어 있다. 러시아 선교에 대한 저자의 사랑과 열정이 사진보다 더 선명하게 그려져 있다. 꽃과 풀 같은 식물이나 음악의 화음에는 피보나치 수열이 들어 있다. 그래서 자연을 보거나 음악을 들으면 아름다움을 느낀다. 그 안에 숨겨진 질서가 있기 때문이다. 그의 글에도 이런 논리적 구조인 '로고스(Logos)'가 있다. 그래서 이 글은 쉽게 읽힌다. 물론 이해하기도 쉽다.

　　저자는 하나님이 함께하셨던 성경 속 믿음의 사람들을 심도 있게 조명하였다. 아브라함, 이삭, 야곱, 요셉, 모세, 여호수아, 기드온, 다윗 등의 믿음의 사람들이 어떻게 역동적 삶을 살게 되었는지, 인용한 말씀을 주해하며 하나하나 알아가도록 인도하고 있다. 더불어 이 선지자들의 삶의 반추를 통해 독자에게 하나님이 함께하시는 그런 삶을 살도록 권면하고 있다.

예수님은 죄인들과 함께하시기 위해 우리에게 찾아오셨다. 하지만 안타깝게도 자기 백성은 주님을 영접하지 않았다. 저자는 독자들에게 찾아오신 주님께 마음 문을 열고, 주와 교제하며, 주와 동행하고, 하나님을 부르며, 주님을 닮아가라고 힘있게 권면한다. 하나님이 함께하심의 은혜를 얻게 될 것을 기대하며, 독자 여러분에게 일독을 권한다.

성남용
(삼광교회 담임목사,
한국선교KMQ 편집인)

# 들어가는 말

러시아 인사말에 '스 보곰(С Богом)'이라는 말이 있다. 직역하면 '하나님이 함께'라는 단순한 말이지만 서로 헤어질 때 하는 이 인사말은 하나님께서 함께하셔서 지켜주시고 인도해 주시기를 비는 마음이 담겨있다.

성경에 나오는 믿음의 사람들도 '하나님이 함께하심'을 축복을 비는 소원의 언어로 사용하였다. 사울의 아들 요나단은 친구였던 다윗과 작별하면서 여호와께서 너와 함께하시기를 원한다고 했다(삼상 20:13). 다윗은 아들 솔로몬에게 성전 건축을 부탁하면서 "내 아들아 여호와께서 너와 함께하시기를 원하노라"고 하였다(대상 22:11). 바울은 데살로니가교회 성도들을 향해 "평강의 주께서 친히 때마다 일마다 너희에게 평강을 주시고 주께서 너희 모든 사람과 함께 하시기를 원하노라"(살후 3:16)고 축복하였다. 심지어 하나님을 잘 알지 못한 이방인 페르시아 왕 고레스도 포로 된 이스라엘 백성들의 예루살렘 귀환을 허락하면서 "너희 하나님 여호와께서 함께하시기를 원하노라"(대하 36:23)고 하였다.

우리도 일상에서 축복의 언어로, "하나님이 함께하시기를…"이라는 말을 사용하기는 한다. 하지만 대부분 입술로 표현하기보다는 문자로 믿는 자들 사이에서만 사용하는 경향이 있다.

군복무 시절 지인의 집에 방문하여, 그 집안의 믿음에 따라 천주교 미사에 참여한 적이 있었다. 그때 필자는 미사 도중에 자주 사제와 교인들 간에 "주님께서 여러분과 함께", "또한 사제와 함께"라고 말하며 서로 화답하는 나눔의 말에 매우 깊은 인상을 받았다.

성경에도 이런 주고받는 나눔이 소개된 곳이 있다. 룻기에 보면, 보아스가 추수하는 자들에게, "여호와께서 너희와 함께하시기를 원하노라"하니, 그들이 대답하되 "여호와께서 당신에게도 복 주시기를 원하나이다" 했다(룻 2:4).
이와 같이 '하나님이 함께'는 축복의 언어이다. 하나님께서 함께해 주시기를 비는 것이 단순히 입으로 내뱉는 언어의 인사가 아니라, 믿음으로 '하나님이 함께하심'의 진정한 의미를 알고, 하나님이 함께하심이 그 무엇과도 바꿀 수 없는 축복임을 알기를 원한다.

러시아에서 선교사로 산 지 30년, 선교 역사의 긴 시간에 비하면 한 점에도 지나지 않지만, 개인의 삶에서 그다지 작은 세월은 아니다. 그러나 뒤돌아보면 언제 그렇게 빠르게 지나왔는지 세월이 빠르다는 말을 실감하게 된다. 선교지를 향하여 처음 집을 떠날 때, 사실 필자 자신의 성격을 잘 알고 있었기 때문에 이렇게 오랫동안 러시아에서 살 줄은 그때는 알지 못했다. 그래서 한 10년쯤 선교사로서 가장 젊은 나이에 복음에 헌신하여 부르심의 소명을 감당한 후, 고국으로 돌아와 목회자로서 남은 삶을 살리라 그렇게 마음에 생각하고 러시아로 갔었다.

그 당시 필자는 먼 길을 떠나는 야곱을 묵상했다. 길을 떠난 야곱에게 나타나신 하나님은 "내가 너와 함께 있어 네가 어디로 가든지 너를 지키며 너를 이끌어 이 땅으로 돌아오게 할지라"(창 28:15)고 말씀하셨다. "하나님, 저에게도 야곱에게 하신 말씀대로 해 주세요." 비행기 안에서 하나님이 하신 이 약속의 말씀을 붙잡고 내내 기도하였다. 그때만 해도 소련이라는 거대한 공산주의 국가에 대한 교육의 영향으로, 미지의 세계로 가는 길에 일말의 선입견이 있어서 염려함이 있었다. 그래서 어린아이들을 데리고 가는 그 길에 "주님께서 함께해 주셔서 지켜주세요"라고 간절히 기도할 수밖에 없었다.

그렇게 시작한 러시아에서 삶은 혹독한 긴 겨울과 백야의 잠 못 드는 밤을 무수히 보내야만 했다. 주님께 엎드렸던 시간이 얼마나 많았는지 모른다. 하나님께서 우리 가정을 광야 한가운데 옮겨 심어 놓은 것이나 마찬가지였기 때문이다. 지금 생각하면 그리 큰 문제도 아니지만, 소련이 무너진 90년대 초, 그때는 왜 그렇게 도움이 절실했는지 모른다. 아마 한국에서 살면 평생 경험해 보지 않았을 그런 일들을 겪었기 때문일 것이다. 그래도 돌아보면 어려울 때마다 보이지 않는 주님의 강한 손이 함께해 주셨다. '지금까지 지내 온 것 주의 은혜라'는 찬송 가사처럼, 이 땅에서 30년을 살면서 필자의 뜻대로 모든 것이 이루어지지 않았지만, 여기까지 부족한 종이 사역을 감당할 수 있었던 것은 모두 '하나님이 함께해 주심'임을 고백할 수밖에 없다.

중국 선교에 온 힘을 바쳤던 허드슨 테일러 선교사 이야기가 떠오른다. 그는 전도의 성과가 나타나지 않자 몹시 지쳐 있었다. 그때 성경을 읽다가 "내가 과연 너희를 버리지 아니하리라"(히 13:5)는 구절에서 한 가지를 깨닫게 된다. 그는 훗날 이때를 떠올리며, "내가 정신적으로 침체되어 있을 때, 나는 마치 주님께서 나를 떠나신 줄 알고 불신 속에 살았음을 고백한다. 그러나 주님은 결코 나를 떠나지 않으셨다. 내 속에 주님이 계신 이상 나는 염려할 것이 하나도 없었다"라고 간증한 바 있다.

그러나 사람이란 무릇 어려움의 문을 통과하고 나면 자기가 잘해서 된 것처럼, 머리 꼿꼿이 세우고 감사할 줄을 모른다. 필자 역시 그렇게 지내온 것 같다. 그래서 나의 부족함을 메우고 싶어 이 책을 기록하여 외치고 싶다.

주님이 도와주셨습니다.
주님이 힘이 되셨습니다.
주님이 보호하셨습니다.
주님이 지켜주셨습니다.
주님이 해결해 주셨습니다.
주님이 피난처가 되셨습니다.
주님이 인도하셨습니다.

이 모든 말을 한 마디로 요약하면, "하나님이 함께하셨습니다"이다. 이 작은 책자를 통해서 "하나님이 함께하심은 축복입니다"라고 전언하고 싶다. 야곱에게 말씀하신 이 약속의 말씀처럼, 오늘을 사는 우리 모두에게 하나님이 함께하셔서 지켜주시고 인도해 주시기를 비는 마음으로 책의 머리말을 연다.

감리교를 시작한 요한 웨슬리는 죽기 전 "하나님이 함께하신다는 것이 최고의 축복"이라는 말을 남겼다고 한다. 지금도 영국 웨스트민스터 사원에 있는 그의 기념비에는 그가 남긴 세 가지 어록이 남겨져 있는데, 그중 하나가, "세상에서 누리는 가장 중요한 축복은 하나님이 우리와 함께하신다는 것을 깨닫는 것이다"라고 기록되어 있다.

그러나 안타깝게도 우리의 현실은 하나님이 함께하심에 대한 축복의 기쁨을 제대로 누리지 못하고 있다. 너나 할 것 없이 '하나님이 함께'라는 말을 관념적인 인사말 이상으로 생각하지 않는다. 데이비드 웰스는 우리가 사는 시대의 특징적인 표시로, 하나님이 이제 더 이상 무겁지 않다는 점을 지적하면서 이는 하나님을 중요하게 생각하지 않는 것을 의미한다고 했다. 계속하여 그는 말한다. "이제 하나님이 우리 사회에 깊은 담론이 되지 못한다."

결국 우리 사회는 자신의 경험과 지식으로 무언가 이룰 수 있다는 신념 때문에, 그러한 노력이 자신도 모르게 교만으로 바뀌어 하나님을 대적하게 된다. 그래서 필자는 어찌하든 하나님의 복을 꼭 받아야겠다고 좌충우돌하는 야곱이 더 좋다.

'하나님이 함께'는 언약의 언어이며, 축복의 언어이며, 하나님이 주되심을 고백하는 언어이다. 이 의미를 바로 알아야 우리는 '하나님의 함께하심'의 축복을 누릴 수 있다. 막연히 우리의 세상적 시각으로 이 말을 받아들이면, 자못 하나님의 현존성을 의심하는 사람도 생겨날 수도 있다. "왜 하나님이 함께하시는데 우리가 이 모양입니까?"라고 말하는 사람처럼, 자신의 곤고한 처지를 하나님의 부재에서 찾으려고 한다. 그래서 그들은 따진다. "하나님이 있기라도 합니까?"

"하나님을 가까이함이 내게 복이라"(시 73:28)

이는 사람의 편에서 하나님이 함께해 주심의 은택을 맛본 자의 고백이다. 하지만 하나님이 함께하심에 대한 친밀한 교제가 없는 자에게는 이 고백이 허공에 울리는 메아리에 불과하다. 그러므로 하나님과 함께하셨던 성경 인물들의 삶을 통해서 우리와 함께하시는 하나님을 만날 수 있기를 바란다. 더불어 하나님의 함께하심의 약속이 언약 안에서, 계시의 점진성이란 측면에서 오늘날 어떻게 우리에게 다가오는지도 살펴볼 수 있기를 바란다.

내가 하늘에 올라갈지라도 거기 계시며 스올에 내 자리를 펼지라도 거기 계시니이다

# 1
# 하나님의 함께하심
## -무소부재와 임재

    하나님의 속성 중 하나로, '무소부재하신 하나님'을 들 수 있다. 하나님은 영이시기에 어디에나 공간과 시공을 초월하여 계신다는 뜻이다. 다윗은 이미 이를 알고 "내가 주의 영을 떠나 어디로 가며 주의 앞에서 어디로 피하리이까 내가 하늘에 올라갈지라도 거기 계시며 스올에 내 자리를 펼지라도 거기 계시니이다"(시 139:7-8)라고 고백했다. 여기서 하늘은 우주의 가장 높은 곳을 상징하고, 음부는 우주의 가장 낮은 곳을 상징한다. 즉 하나님은 우주 어디에나 아니 계신 곳이 없다는 것이며, 하나님의 눈을 피할 수 있는 곳이 없다는 뜻이다. 예레미야는 하나님의 편재성에 대하여 이렇게 말했다.

"여호와의 말씀이니라 나는 가까운 데에 있는 하나님이요 먼 데에 있는 하나님은 아니냐 여호와의 말씀이니라 사람이 내게 보이지 아니하려고 누가 자신을 은밀한 곳에 숨길 수 있겠느냐 여호와가 말하노라 나는 천지에 충만하지 아니하냐"(렘 23:23-24)

루이스 벌코프는 그의 조직 신학에서 하나님의 편재성을 다음과 같이 설명하였다. 하나님은 그의 모든 피조물 즉 하나님의 모든 창조에 내재하시지만, 결코 그것에 제한을 당하지는 않으신다. 그리고 하나님은 세상과 구별되시고 세상과 동일시되지 않으시지만, 여전히 창조의 모든 부분에 권능으로뿐만 아니라 존재로서 임재하신다.

이와 같이 어디에나 계시는 천지에 충만하신 그 하나님이 함께하신다는 말은 무엇을 의미하는 것일까? '함께하심'의 중심 언어는 하나님의 임재이다. 임재의 사전적 의미는 "나타나 보인다"이다. 임재를 나타내는 성경적 언어는 '하나님의 얼굴'이다. 다윗은 "그의 얼굴(하나님)을 항상 구할지어다"(시 105:4)라고 말했고, "주의 얼굴을 내게서 숨기지 마소서"(시 143:7)라고 간구하였다.

하나님의 얼굴을 구한다는 것은 하나님과 관계성을 회복하는 것을 의미한다. 하나님은 영이시고 육체가 아니시므로 얼굴을 볼 수 없다. 하나님의 얼굴을 구한다는 것은 독특한 히브리적 용법으로,

'인격적으로 하나님을 찾는다', 혹은 '하나님을 앙망하다'의 뜻이 담겨 있다. 여기에는 '하나님을 갈망한다'의 의미와 '전심으로 그리워하고 사모한다'라는 표현도 포함된다. 시편 42편의 내용이 바로 그런 심정이 표출된 것이라 할 수 있다.

"내 영혼이 하나님 곧 살아 계시는 하나님을 갈망하나니 내가 어느 때에 나아가서 하나님의 얼굴을 뵈올까"(시 42:2)

히브리어 "파님(Panim)"은 얼굴이란 뜻인데, 통상적으로 'Presence(임함)'로 번역된다. 존 파이퍼 목사는 '임재'라는 말은 히브리어 단어 '얼굴'에 대한 통상적인 번역이라고 했다. 그는 "하나님의 얼굴 앞에 있다는 말은 하나님의 거룩한 임재 가운데 있는 것이다"라고 덧붙였다. 따라서 주님의 임재 가운데 있다는 말은 하나님의 얼굴 앞에 선다는 말이다. 우리가 흔히 "하나님 앞에서"라는 뜻의 라틴어 "코람데오(Coram Deo)"라는 말을 사용할 때, 하나님의 임재란 말과 결부하여 생각하면 하나님 앞에서의 그 엄중함은 두려움 자체가 된다. 왜냐하면 하나님은 거룩하신 분이시기 때문이다. 죄인인 우리가 감히 거룩하신 하나님 앞에 서는 것은 감당할 수 없는 일이다. 다만 하나님이 허락하실 때 우리는 그의 앞에 함께할 수 있다.

하나님은 우리 가운데 충만히 계시지만, 사람이 그 하나님의 임재하심을 아무 때나 경험할 수 있는 것은 아니다. 하나님은 '하나님께서 함께하는' 그 사람에게 임재하신다. 그러므로 하나님은 "내가 너와 함께 하겠다"라고 약속하신다. 하나님은 어디에나 계시는 분이시지만, "내가 너와 함께"라는 말씀은 인격적인 만남을 의미하고, 하나님 앞에 설 수 있도록 허락하심이다. 이는 축복이 아닐 수 없다. 그래서 야곱은 하나님을 대면하여 만난 장소를 "브니엘(하나님의 얼굴)"이라고 명명했다(창 32:30). 그가 하나님을 대면한 것은 특별한 은총이었다.

## 사람의 행복은 하나님께

예수님은 "마음이 청결한 자는 복이 있나니 그들이 하나님을 볼 것임이요"(마 5:8)라고 말씀하셨다. 그렇다. 하나님의 임재 가운데 있는 자는 복 있는 사람이다. 우리가 시련과 역경 속에서도 하나님의 임재를 누릴 수 있다면, 곧 하나님의 얼굴 앞에 설 수 있다면, 하나님이 함께하심을 느낄 수 있다면 고난도 견딜 수 있고, 사는 것도 힘들지 않다. 왜냐하면 사람의 행복은 하나님이 함께하심에 있기 때문이다. 사람은 하나님의 형상대로 지음을 받았기에 하나님과 함께 있을 때 진정한 복락을 누리게 된다.

그런데 죄는 하나님과 사람 사이를 갈라놓았고 그 결과 인간은 참 복락을 누리지 못하게 되었다. 죄는 인간에게 고통과 질병과 죽음의 두려움을 가져다주었다. 인간이 이것에서 벗어나고자 하는 몸부림, 이를 좋은 말로 포장하면, 행복해지고자 하는 욕구는 우상숭배, 돈, 권력, 명예를 추구하는 탐욕으로 변하여 죄의 종이 되게 한다. 그런데 죄의 종이 된 자들은 그 멍에에서 벗어나고자 몸부림치면 칠수록 늪에 빠진 자처럼 더 깊숙이 자신도 모르게 불행에 빠져들게 된다.

그렇다면 여기에 답이 없는가? 아니다. 있다. 하나님께로 돌아가면 된다. 사람의 행복은 하나님이 함께하심에 있다. 하나님이 구원의 줄을 내려 주셨다. 이를 위해서 길을 열어주셨다. 하나님이 이 땅에 보내신 예수 그리스도이다. 예수께서 말씀하셨다. "내가 곧 길이요 진리요 생명이니 나로 말미암지 않고는 아버지께로 올 자가 없느니라"(요 14:6)

먼저 행복해지고 싶으면 주 예수를 붙잡아라. 믿어라. 복음은 바로 예수 그리스도를 통한 하나님의 함께하심과 그의 나라로의 초대이다.

사도 바울은 그가 전하는 복음에 대하여 "하나님의 비밀인 그리스도를 깨닫게 하려 함이니 그 안에는 지혜와 지식의 모든 보화가 감추어져 있느니라"(골 2:2-3)고 했다. 하나님은 자기 백성 이스라엘이 죄악 가운데 고통하며 신음하는 것을 참아보지 못하시고 은혜를 베풀어 그들을 구원하셨다. 그리고 오늘도 여전히 자기 백성들을 예수 그리스도를 통하여 부르신다. 사도 바울은 이렇게 기도하였다.

"너희 마음의 눈을 밝히사 그의 부르심의 소망이 무엇이며 성도 안에서 그 기업의 영광의 풍성함이 무엇이며 그의 힘의 위력으로 역사하심을 따라 믿는 우리에게 베푸신 능력의 지극히 크심이 어떠한 것을 너희로 알게 하시기를 구하노라"(엡 1:18-19)

하나님이 우리를 부르심은 이 땅에서만 누릴 복락을 위해 구원하심이 아니요, 하나님 나라의 상속자로 불러 영원히 함께하시기 위함이다. 이런 하나님을 알면 잠시 이 땅에서 사는 동안의 어려움도 하나님이 함께하시므로 감당할 수 있고 이길 수 있다. 그러므로 영적인 눈을 떠서 우리 믿음의 목적이 하나님이고, 하나님이 함께하심에 따른 약속의 기업이 소망이 되도록 해야 한다. 하나님이 없는 천국은 더 이상의 우리가 바라는 천국이 아니다.

필자가 읽은 독서 노트의 한구석에 이런 감동의 글이 적혀있다.

"하나님이 함께하신다면 나는 언제나 기쁘다. 그렇기에 주님이 없는 황금성 천국에 가는 것보다 주님과 함께 가는 것이라면 불구덩이 지옥 속으로 가는 것을 나는 선택하겠다."(성직자 타울러)

이스라엘 지파 중 하나님을 섬기는 레위 지파에게는 다른 기업을 주시지 않았는데, 그 이유는 하나님이 그들의 기업이 되셨기 때문이다(수 13:33). 마찬가지로 오늘날 왕 같은 제사장의 신분을 가진 성도들도 바로 하나님이 기업이 되신다. 그리스도인들의 진정한 기업은 하나님이시다. 예레미야 선지자가 "내 심령에 이르기를 여호와는 나의 기업이시니 그러므로 내가 그를 바라리라 하도다"(애 3:24)라고 고백했듯이, 우리가 하나님만 바라고 기다리는 것은 하나님만이 기업이기 때문이다. 기업은 '분배하다', '배당하다', '할당하다'에서(히. Chalaq) 몫, 할당, 분깃, 토지(히. cheleq)에서 유래한 유업의 동의어이다. 그래서 표준새번역 성경은 "주님은 내가 가진 모든 것"이라고 번역하였다.

내가 가진 모든 것이 하나님이시니, 그분을 잃어버리는 것은 모든 것을 잃어버리는 것이다. 그분만이 나의 몫, 나의 전부이니, 그분이 소망이요 기쁨이다. 외아들을 홀로 양육하는 과부는 그 아들이 자신의 삶의 분깃이요, 전부요, 희망이요, 삶의 기쁨이라고 고백한다. 하물며 천지 만물을 창조하신 이, 그분을 기업으로 삼는 백성은 얼마나 더하겠는가.

"이스라엘이여 너는 행복한 사람이로다 여호와의 구원을 너 같이 얻은 백성이 누구냐"(신 33:29)

하나님을 기업으로 삼은 하나님의 백성들이 하나님이 함께하심이 행복임을 안다면, 이 땅에 살면서 그들이 무엇을 추구해야 하는지 답은 이미 나와 있는 것이나 마찬가지이다.

## 하나님의 얼굴 앞에 서기

출애굽 시 하나님은 이스라엘을 제사장의 나라로 세우시고, 특별히 레위 지파는 제사장의 직분을 수행하여야 했다. 제사장의 가장 중요한 직분은 성소에서 섬기며 하나님께 거룩한 제사를 드리는 일이었다. 그러나 예수께서 이 땅에 오셔서 우리 죄를 위해 십자가에 죽으시므로 단번에 영원한 제사를 드리셨기 때문에 이제는 죄 없이 하지 못하는 제사장의 제사를 더 이상 드리지 않아도 된다. 오직 주 예수에 대한 참 마음과 온전한 믿음으로 하나님께 나아가면 된다. 이는 예수께서 십자가에 죽으셨을 때 성소의 휘장이 찢겼던 것처럼, 예수님은 하나님과 우리 사이에 죄악으로 막혔던 담을 허시고, 모든 인류의 제사장으로서 구원 사역을 완성하셨다. 이로 인해 모든 믿는 자들은 하나님 앞에 직접 나아가 하나님의 얼굴을 구할 수 있게 되었다.

"너희도 산 돌 같이 신령한 집으로 세워지고 예수 그리스도로 말미암아 하나님이 기쁘게 받으실 신령한 제사를 드릴 거룩한 제사장이 될지니라"(벧전 2:5)

"그러므로 우리는 긍휼하심을 받고 때를 따라 돕는 은혜를 얻기 위하여 은혜의 보좌 앞에 담대히 나아갈 것이니라"(히 4:16)

우리는 제사장이 되어 은혜의 보좌 앞에서 담대히 하나님의 얼굴 앞에 서 보아야 한다. 그래야 자신의 모습을 볼 수 있다.

다윗은 아들 솔로몬에게 "너는 네 아버지의 하나님을 알고 온전한 마음과 기쁜 뜻으로 섬길지어다 여호와께서는 모든 마음을 감찰하사 모든 의도를 아시나니 네가 만일 그를 찾으면 만날 것이요 만일 네가 그를 버리면 그가 너를 영원히 버리시리라"(대상 28:9)고 권고하였다.

우리가 하나님을 찾는 것은 하나님을 잃어버려서가 아니라, 하나님의 영광을 보기 위해서이다. 하나님의 임재를 통하여 하나님의 거룩한 영광을 보기 전까지는 하나님의 존재를 마음에 누리지 못하기 때문이다. 어떤 때는 하나님이 없는 것처럼 산다. 하나님 없이 살아도 조금도 불편함 없이 지내다가 큰 어려움이 오면 그때야 비로소 도와줄 이를 찾는 자신의 모습을 많이 봤을 것이다.

마치 우리가 공기 중에 있는 산소를 마음껏 호흡했지만, 산소의 중요함을 모르고 살다가, 고산 지대에서 산소가 희박하여 호흡이 가빠지고 숨이 멈출 것 같은 시점에 이르러서야 비로소 산소의 가치를 깨닫는 것처럼 말이다. 비슷한 비유가 될는지 모르나, 우리도 우리와 함께하시는 하나님의 은혜와 그 축복을 알지 못하고 교회만 왔다 갔다 하는 종교인으로 살 때가 많다. 하나님을 한 번이라도 대면해 보지 못한 사람은 영적으로 소경(시각 장애인)이자, 귀머거리(청각 장애인)이 되어서 하나님의 영광이 보이지도 않고, 주님의 음성이 들리지도 않는다. 그러므로 먼저 우리가 삶의 현장에서 하나님을 향한 생각과 마음이 열려 있어야 한다. 하나님의 임재를 사모하고 하나님께 굴복해야 한다. 성경은 이렇게 권면한다.

"하나님을 가까이하라 그리하면 너희를 가까이하시리라 죄인들아 손을 깨끗이 하라 두 마음을 품은 자들아 마음을 성결하게 하라"(약 4:8)

"너희는 여호와를 만날 만한 때에 찾으라 가까이 계실 때에 그를 부르라"(사 55:6)

이사야 선지자도 하나님의 거룩한 보좌 앞에 섰을 때, "화로다 나여 망하게 되었도다 나는 입술이 부정한 사람이요"라고 했고, 주님의 영광을 본 베드로는 예수님의 무릎 아래 엎드려 "주여 나를 떠나소서 나는 죄인이로소이다"라고 고백했다. 죄인이라 손가락질 받던 세리장 삭개오도 자신의 이름을 불러준 예수님을 대면하면서 주님이라 부르고, 소유의 절반을 가난한 자들에게 나누어 주겠다고, 누구의 것을 훔친 것이 있으면 4배로 갚겠다고 고백했다. 이 고백들은 진정한 회개의 모습이다. 지난 잘못을 되돌리는 것이야말로 참된 회개요, 하나님을 만난 자의 참모습이다. 왜냐하면 거룩하신 하나님을 본 자는 죄인인 자신을 보게 되기 때문이다. 사도 바울이 그랬다. 그는 예수님을 진정으로 만났기 때문에 복음 전하는 자로 살면 살수록 그 하나님의 은혜 앞에 자신을 죄인 중에 괴수라고 고백했던 것이다(딤전 1:15).

우리 모두 하나님 앞에 서면 거룩하시고 크신 하나님의 위엄 앞에 엎드릴 수밖에 없다. 주님 앞에 서면, 자신이 죄인임을 알게 되고, 부르심의 은혜에 감격하고, 하나님이 함께해 주심에 응답하는 자의 삶을 살게 된다. 이사야는 "누가 우리를 위하여 갈꼬" 물으시는 하나님의 음성에 "나를 보내소서"라고 응답하였고, 죄인임을 인식한 베드로를 주님은 사람을 낚는 어부로 부르셨다. 주님을 만난 세리장 삭개오는 자신의 죄악을 깨닫고 회개하였을 때, 주님은 많은 사람 앞에서 그를 참 아브라함의 후손이라고 인정해 주셨다.

## 예수 그리스도와의 만남

신약에서는 "하나님의 얼굴을 구하라"는 표현이 없다. 왜냐하면 예수 그리스도가 육신의 몸을 입고 오신 하나님의 형상이시기 때문이다. "어두운 데에 빛이 비치라 말씀하셨던 그 하나님께서 예수 그리스도의 얼굴에 있는 하나님의 영광을 아는 빛을 우리 마음에 비추셨느니라"(고후 4:6) 함과 같이 예수님을 통하여 우리는 하나님을 본다. 그러므로 예수께서 "나를 본 자는 아버지를 보았거늘 어찌하여 아버지를 보이라 하느냐 내가 아버지 안에 거하고 아버지는 내 안에 계신 것을 네가 믿지 아니하느냐"(요 14:9-10)라고 말씀하셨고, "나와 아버지는 하나이니라"(요 10:30)고 하셨다.

주님이 부활하신 후 신약에서 임재는 먼저 하나님의 새 언약에 따라 우리 안에 내주하시는 하나님으로 나타난다. 이는 주님이 약속하신 다른 보혜사 성령을 보내셨기 때문이다. 성령이 성부 하나님과 성자 예수 그리스도의 영이시기에 우리 속에 계신 성령으로 말미암아 하나님의 임재를 느끼고 체험하게 되었다.

"우리에게 주신 성령으로 말미암아 그가 우리 안에 거하시는 줄을 우리가 아느니라"(요일 3:24)

"그의 성령을 우리에게 주시므로 우리가 그 안에 거하고 그가 우리 안에 거하시는 줄을 아느니라"(요일 4:13)

예수를 믿는 자들에게는 성령이 함께하신다. 이는 죄인이 감당할 수 없는 하나님의 은혜이다. 문제는 믿는 자들이 성령이 함께하심을 느끼고, 성령 안에서 함께 하시는 주님의 임재 가운데 교제하는가이다. 그러므로 먼저 그분 앞에서 고백하라. "예수, 하나님의 아들이여! 주는 그리스도시요 살아 계신 하나님의 아들이십니다."(마 16:16)

"누구든지 예수를 하나님의 아들이라 시인하면 하나님이 그의 안에 거하시고 그도 하나님 안에 거하느니라"(요일 4:15).

진정으로 예수님을 하나님의 아들로 시인하고, 그 아들 예수 그리스도를 주로 부른다면 그 시간부터 당신은 하나님과 함께하는 삶이 시작된다. 그 아들의 이름으로 하나님의 얼굴을 구하여 기도하라. 하나님의 아들 예수를 알기 위하여 성경을 읽어라. 그러하면 진리의 영이신 성령을 통하여 주님을 만나게 될 것이다. 당신의 삶을 주장하시며, 때를 따라 돕는 은혜를 베푸시는 하나님이 함께하시는 축복을 누려보라.

# 2
## 족장들과 함께하심
### -하나님의 약속 지키기

### 아브라함에게 찾아오신 하나님

"내가 너로 큰 민족을 이루고 네게 복을 주어 네 이름을 창대하게 하리니 너는 복이 될지라 너를 축복하는 자에게는 내가 복을 내리고 너를 저주하는 자에게는 내가 저주하리니 땅의 모든 족속이 너로 말미암아 복을 얻을 것이라 하신지라"(창 12:2-3).

하나님은 이 땅에 하나님의 백성을 구원코자 아브라함을 선택하여 부르셨다. 이는 전적인 하나님의 주권적인 선택이셨다. 부르심을 받은 아브라함은 순종함으로 우상을 숭배하던 아버지의 집을 떠났다. 히브리서에는 이를 "믿음으로 아브라함은 부르심을 받았을 때에 순종하여 장래의 유업으로 받을 땅에 나아갈새 갈 바를 알지 못하고 나아갔으며"(히 11:8)라고 증거한다.

미래가 불투명하지만 아브라함은 하나님의 약속을 믿고 순종함으로써 자신의 믿음을 보여 주었고, 하나님은 약속대로 아브라함과 함께하셨다. 하나님은 그를 "나의 벗"(사 41:8)이라 칭할 정도로 그에게 친밀히 임재하셔서 그와 대화를 나누셨다. 소돔과 고모라를 멸하시려 했을 때도 하나님은 "내가 하려는 것을 아브라함에게 숨기겠느냐"(창 18:17)라고 말씀하셨다. 하나님은 아브라함에게 하늘의 비밀을 알려 주셨다. 아브라함은 이에 의인과 악인을 함께 멸하시지 말아달라고 하나님의 자비하심에 여러 번 호소하기도 했다(창 18:32). 그는 결국 하나님으로부터 소돔 고모라에 의인 열 명만 있어도 멸하지 않겠다는 약속을 받았으나, 소돔과 고모라에는 최후에 의인 열 명이 없어 하늘에서 유황과 불이 비같이 내려 멸망 당하였다.

우리가 아브라함의 처신을 통해 배우게 되는 것은 하나님의 심판 징조가 여기저기 나타나는 때에 하나님이 함께하시는 자에게는 성경을 통하여 이미 하늘의 비밀을 알려주신다는 점이다. 그러므로 주어진 하늘의 비밀을 아는 만큼 세상에 대한 책임감을 아브라함처럼 가져야 한다.

### 하나님이 함께하심 보여주기

하나님이 아브라함을 지키신다는 결정적인 사건이 일어났다. 그가 남쪽으로 이주하여 그랄에 머물 때, 혹시 아내로 인하여 하나님을 두려워하지 않는 사람들이 자신을 죽일까 염려하여 자기 아내를 누이라고 하였다. 사실 사라가 이복 누이이기도 했으니 완전 거짓말은 아니었다(창 20:12). 아마도 아내 사라가 무척 미인이었던 모양이다. 이에 그랄 왕 아비멜렉이 아브라함의 아내를 취하려 했을 때, 하나님은 친히 아비멜렉의 꿈에 나타나셔서 이를 막아 주셨다.

"너를 축복하는 자에게는 내가 복을 내리고 너를 저주하는 자에게는 내가 저주하리니 땅의 모든 족속이 너로 말미암아 복을 얻을 것이라"(창 12:3)라고 아브라함에게 하셨던 이 약속의 말씀은 하나님이 함께하시는 자들에게 방패이자 산성이다. 그러므로 아비멜렉과 군대 장관 비골이 찾아와서 아브라함에게 "네가 무슨 일을 하든지 하나님이 너와 함께 계시도다"(창 21:22)라고 증언하며, 서로 불가침 약속을 하였다. 그들은 그 땅에 우물을 판 증거로 맹세한 곳을 '브엘세바(맹세의 우물)'라고 이름했다.

아브라함이 증언하여 "이곳에서는 하나님을 두려워함이 없으니"(창 20:11)라고 말했듯이 하나님을 두려워하지 않는 자들도 하나님의 임재하심을 보게 되면 결국에는 두려워 떨게 된다. 하나님의 거룩하심과 영광이 함께하는 자들에게는 근접할 수 없는 위엄을 느끼게 된다.

## 언약에 신실하신 하나님

"내가 내 언약을 나와 너 및 네 대대 후손 사이에 세워서 영원한 언약을 삼고 너와 네 후손의 하나님이 되리라 내가 너와 네 후손에게 네가 거류하는 이 땅 곧 가나안 온 땅을 주어 영원한 기업이 되게 하고 나는 그들의 하나님이 되리라"(창 17:7-8)

하나님의 함께하심은 전적으로 하나님의 신실하심에 있다. 아브라함과의 언약을 기억하신 하나님은 그대로 이삭에게도 적용하셨다. 그러므로 하나님은 이삭에게도 아브라함과 같은 상황을 똑같이 반복적으로 나타내셨다. 아브라함이 그랬듯 하나님을 온전히 신뢰하기까지는 모두는 인간적인 실수를 한다. 이삭도 그랬다. 사람들을 두려워하여 아내를 누이라 하고 약속의 땅에 거하면서 흉년이 들자 이집트로 피하여 옮겨가려 하였다. 이와 같은 현상은 우리가 믿음으로 약속의 말씀 안에 거하면서도 어려움이 오면 하나님을 의지하기보다 사람을 의지하려는 것과 같다. 그러나 하나님은 아브라함과의 약속을 기억하셔서서 이삭을 지켜주시고, 그의 길을 인도하셨다. 하나님은 이삭에게 나타나 말씀하셨다.

"애굽으로 내려가지 말고 내가 네게 지시하는 땅에 거주하라 이 땅에 거류하면 <내가 너와 함께 있어> 네게 복을 주고 내가 이 모든 땅을 너와 네 자손에게 주리라 내가 네 아버지 아브라함에게 맹세한 것을 이루어 네 자손을 하늘의 별과 같이 번성하게 하며 이 모든 땅을 네 자손에게 주리니 네 자손으로 말미암아 천하 만민이 복을 받으리라"(창 26:2-4)

이삭은 하나님의 말씀에 순종하였다. 블레셋 땅에 머물러, 그해 그 땅에서 농사하여 백배의 결실을 얻었고, 하나님이 복을 주심으로 창대하고 거부가 되었다. 그러나 복이 있으면 꼭 시련이 우리를 시험하여 찾아오듯이 이삭에게도 그랬다. 그 땅의 거민이 시기하여 아버지 아브라함 때 판 우물을 메우고 자기들을 떠나갈 것을 종용하였다. 이삭은 그들을 피하여 사람이 거하지 않는 골짜기로 들어가 우물을 팠고 물을 얻었다. 하지만 블레셋 사람들이 훼방하여 우물 메우기를 여러 차례 반복하게 되었다. 그렇지만 이삭은 그들과 분쟁하지 않고 평화하였다. 그는 그때마다 장소를 옮겨 다른 우물을 파고 물을 얻었다. 광야 같은 메마른 땅에서 새로운 우물을 파서 물을 얻는다는 것은 그리 쉬운 일이 아니다. 따라서 우물의 유무는 그 땅에서 거주할 수 있느냐 하는 생존의 문제였다. 그럼에도 불구하고 이삭이 끝까지 인내하고 그 땅을 떠나지 아니한 것은 그에게 하나님 말씀에 순종하는 믿음이 있었기 때문이다. 그렇게 어려움을 극복하고 이삭이 그 땅을 한 바퀴 돌아 아브라함이 거주하였던 브엘세바로 돌아왔다. 그때 하나님은 다시 한번 그에게 나타나셔서 말씀하셨다.

"나는 네 아버지 아브라함의 하나님이니 두려워하지 말라 내 종 아브라함을 위하여 <내가 너와 함께 있어> 네게 복을 주어 네 자손이 번성하게 하리라"(창 26:24)

<내가 너와 함께 있어>라는 하나님의 신실하신 약속은 항상 하나님께 순종하여 어떠한 형편에서든지 하나님의 이름을 부르며 의지하는 믿음을 보여 주는 자에게 허락하신 하나님의 은혜이다.

블레셋의 아비멜렉이 그 수하들과 와서 이삭에게 말했다. "여호와께서 너와 함께 계심을 우리가 분명히 보았으므로 우리의 사이 곧 우리와 너 사이에 맹세 하여 너와 계약을 맺으리라"(창 26:28) 이삭에게도 아브라함과 맺었던 그와 같은 맹세의 불가침 조약을 맺

었는데, 그곳이 브엘세바였다. "브엘세바"란 히브리어로 "맹세의 우물"이라는 뜻이다. 당시 팔레스타인 부족의 왕이었던 아비멜렉이 왜 머리를 숙이고 아브라함과 이삭에게 와서 불가침의 맹세를 했을까? 그것은 "하나님이 너와 함께 하는 것을 분명히 보았다"라는 것이 이유다. 하나님이 함께하면 감히 적이 범접하지 못한다. 다시 말하지만, 하나님이 함께하시는 자들에게 주어진 약속이 분명히 있다.

"너를 축복하는 자에게는 내가 복을 내리고 너를 저주하는 자에게는 내가 저주하리니"(창 12:3)

앞에서도 언급했지만, 이 약속의 말씀은 하나님이 함께하시는 자들의 방패요, 산성이다. 그러므로 무엇보다 평안한 삶을 원한다면, 하나님이 함께하는 삶이 중요하다. 이방인들이 보아도 "저 사람은 하나님이 함께하는 사람이야!", "왜 우리와 다른가 보았더니 역시 하나님이 함께하는 사람이었어!" 이런 소리를 들어야 한다.

사람은 하나님의 형상대로 지음을 받았다. 죄로 말미암아 그 형상을 많이 잃어버렸지만, 하나님이 함께하시면 그 형상을 조금씩 회복하게 된다. 처음 지음 받을 때의 의와 진리의 거룩함이 그리스도 예수 안에서 새사람이 되므로 회복하기 시작한다.

하나님이 함께하는 사람은 하나님의 의로움과 거룩함을 반사하는 자가 되는 것이다. 달빛은 태양의 빛을 반사함으로 캄캄한 밤에 더 아름답게 밝게 빛난다. 우리도 하나님 얼굴의 거룩한 광채를 반사하는 자가 된다면, 세상이 어두울수록 더 환하게 보름달처럼 밝고 더 아름답게 보일 것이다.

여호와는 그의 얼굴을 우리에게 비추사 은혜 베푸시기를 원하신다(민 6:25). 그러므로 '개독교'라는 소리가 인터넷 댓글에 낙서처럼 도배질하는 이 시대에, 하나님을 경외함이 땅에 떨어진 시대에, 하나님의 이름이 거룩히 여김을 받으시도록 믿는 자들이여! 하나님이 함께하는 삶을 보여 주기를 바란다.

브엘세바는 이스라엘의 남서쪽 네게브 사막 중심에 위치한 곳으로, 현재도 큰 도시로 존재한다. 사막을 개간하여 농업용 수로를 연결해, 채소와 과일들이 대량으로 생산되는 풍요의 지역이 되었다. 그러나 팔레스타인의 가자 지구가 바로 옆에 있어 분쟁이 있을 때마다 팔레스타인의 로켓 공격의 표적이 되어 어려움을 겪기도 하는 지역이다.

구소련 지역에서 돌아간 유대인들이 이곳에 많이 정착해 살고 있는데, 그곳에서 '하나님이 함께하는 사람'들이 많이 있어, 조상들이 행한 평화의 맹세가 그대로 유지되기를 소망해 본다.

### 야곱에게 찾아오신 하나님

야곱이 브엘세바를 떠나 외삼촌이 거하는 하란으로 가고 있었다. 그는 눈먼 아버지를 속여 장자가 받아야 할 아버지의 축복을 받고 형 에서를 피하여 도망가는 길이었다. 홀로 떠나는 외로운 길, 날이 어두워 돌을 베게 삼아 노숙하게 되었다. 그는 한 꿈을 꾸었다. 하늘과 땅을 잇는 사닥다리가 세워져 있고 천사가 그 위를 오르락내리락하는데, 그 위에서 나는 한 음성을 들었다.

"내가 너와 함께 있어 네가 어디로 가든지 너를 지키며 너를 이끌어 이 땅으로 돌아오게 할지라 내가 네게 허락한 것을 다 이루기까지 너를 떠나지 아니하리라"(창 28:15)

하나님은 아브라함에게 언약하신 그 약속을 지키시기 위해 야곱에게 찾아오셔서 "내가 너와 함께하겠다"라는 말씀을 들려 주셨다.

"나는 여호와니 너의 조부 아브라함의 하나님이요 이삭의 하나님이라 네가 누워 있는 땅을 내가 너와 네 자손에게 주리니"(창 28:13)

"내가 너와 함께 있어 네가 어디로 가든지 너를 지키며 너를 이끌어 이 땅으로 돌아오게 할지라 내가 네게 허락한 것을 다 이루기까지 너를 떠나지 아니하리라 하신지라"(창 28:15)

미래가 불확실하여, 곤고한 야곱에게 찾아오셔서 하나님은 무엇을 약속하셨는가?
너 누운 땅을 너와 자손에게 주겠다.
이 땅으로 돌아오도록 하겠다.
이것을 이루기 위해 <너와 함께하여> 어디를 가든지 지켜 인도하겠다.

하나님께서 야곱과 함께하셔서 이루어 주실 약속의 결과는 땅이었다. 그런데 야곱이 누웠던 그 땅을 문자적으로 본다면, 그 땅이 얼마나 되겠는가? 우리는 여기서 하나님이 약속하신 땅의 의미를 다시 생각해 봐야 할 것이다. 하나님은 야곱이 누웠던 그 조그마한 땅을 주시기 위해 어디를 가든지 함께하여 지켜주시겠다고 약속하셨는가? 아니다. 땅은 분명 더 큰 의미를 지니고 있다.

야곱은 그 땅의 의미를 알고 있었다. 그래서 야곱은 그 자신이 누웠던 곳에 베게 하였던 돌로 기둥을 세우고 '벧엘'이라 하였다. 여기서 '벧엘'은 '하나님의 집'이라는 뜻이다. 이제 야곱은 다음과 같이 하나님께 서원하였다.

"하나님이 나와 함께 계셔서 내가 가는 이 길에서 나를 지키시고 먹을 떡과 입을 옷을 주시어 내가 평안히 아버지 집으로 돌아가게 하시오면 여호와께서 나의 하나님이 되실 것이요 내가 기둥으로 세운 이 돌이 하나님의 집이 될 것이요…"(창 28:20-22)

여기서 눈여겨보아야 할 말은 "여호와께서 나의 하나님이 되실 것", "이 돌이 하나님의 전이 될 것"이라는 말이다. 이 말은 하나님은 자신에게 언약의 하나님이 될 것이라는 말이요, 이제부터 자신이 하나님을 모시는 성전 곧 하나님을 예배하는 거룩한 삶을 살겠다는 맹세이다. 구약에서 돌을 세움은 항상 맹세를 의미한다.

야곱이 약속받은 그 누웠던 땅 벧엘, 이름하여 하나님의 집은 하나님이 계시는 곳, 하나님의 성전이었다. 야곱은 자신이 기둥으로 세운 이 돌이 하나님의 전이 될 것이라고 했다.

예수님도 "주는 그리스도요 살아계신 하나님의 아들입니다"라고 믿음을 고백한 베드로에게 "네가 복이 있다" 말씀하시며, 이를 알게 한 이는 혈육이 아니요 하늘에 계신 내 아버지라 하시고 너는 베드로라 내가 이 돌 위에 내 교회를 세우겠다(마 16:18)고 말씀하셨다.

이 말씀은 하나님과 야곱의 사이에 세운 약속을 떠오르게 한다. 오늘 우리의 신앙 고백은 하나님과의 언약을 받아들이며, 하나님과의 맹세의 돌로 나의 몸을 하나님이 계시는 성전 삼아 살겠다는 맹세이기도 하다.

"너희가 하나님의 성전인 것과 하나님의 성령이 너희 안에 거하시는 것을 알지 못하느냐"(고전 3:16)

하나님은 약속대로 야곱의 길에 함께하셨다. 그러나 야곱의 삶은 하나님과 동행했다고 볼 수 없다. 야곱은 죽은 줄로만 알았던 요셉을 만난 후, 이집트 바로 앞에서 자신의 살아온 삶을 이렇게 회고했다.

"내 나그네 길의 세월이 백삼십 년이니이다 내 나이가 얼마 못 되니 우리 조상의 나그네 길의 연조에 미치지 못하나 험악한 세월을 보내었나이다"(창 47:9)

하나님이 함께하셔서 인도하신 삶이 평탄한 삶이 못되고 왜 험악한 세월이었을까? 야곱은 자기 고집이 있는 사람이었다. 그의 삶의 과정을 들여다보면 하나님의 인도하심을 자기가 가지고 태어난 성품대로 바꾸었다. 그는 하나님께 복을 받겠다는 열심으로 가득찬 사람이었다. 그는 복을 받기 위해 가만히 앉아 기다리는 사람은 아니었다. 형 에서의 배고픔을 이용해 장자의 권리를 팥죽으로 바꾸고, 형이 받아야 하는 축복 기도를 눈먼 아버지를 속이고 대신 자신이 받는 용의주도한 간교함을 가진 사람이었다. 이삭은 야곱에게 "… 너를 저주하는 자는 저주를 받고 너를 축복하는 자는 복을 받기를 원하노라"(창 27:29)며, 언약의 축복을 하였다.

하나님은 이런 축복에 대한 욕심을 가졌던 야곱을 끝까지 지켜보셨다. 그리고 그를 장자인 에서 대신 선택하셨고, 그에게 찾아가셔서 "함께하여 지켜 주시겠다"라고 약속하셨다. 그 약속은 그의 인간적인 성품의 실패에도 불구하고 하나님의 뜻을 이루는 과정으로 야곱을 인도하셨고 연단시키셨다.

성경은 지적한다. "에서는 맏아들의 명분을 가볍게 여겼더라"(창 25:34) 맏아들의 명분을 가볍게 여긴다는 것은 하나님과 관계를 중요시하지 않았다는 말이다. 하나님의 약속을 중히 여기지 않았다는 것은 조상에게 부여된 언약의 축복에 대하여 무관심했다는 말이다. 그렇다고 해서 맏아들의 명분을 버린 에서가 현실에서 물질적인 이익을 잃어버린 것은 없다. 그는 아버지의 모든 재산을 상속했고, 아버지가 이루어 놓은 땅을 샀으며, 아버지가 판 우물을 소유했다.

필자는 야곱이 하나님께 복을 받아야겠다고 했던 열심을 하나님께 대한 갈망이라 말하고 싶다. 그것은 영적 축복이다. "하나님이여 사슴이 시냇물을 찾기에 갈급함 같이 내 영혼이 주를 찾기에 갈급하니이다"(시 42:1)라고 고백한 시편 기자의 고백처럼, 하나님과의 관계를 갈망하는 자들이 곳곳에 일어나기를 바란다. 그것이 부흥이다. 에서처럼 하나님이 주신 복도 눈앞의 욕심으로 발로 차버리는 세태에 하나님의 약속을 바라보며 복을 받아야겠다는 거룩한 욕심이 있는 사람들이 필요한 시대이다. 쌍둥이 형제로 태어난 에서와 야곱 중 누가 영적 축복의 계승자가 되었는가? 하나님과의 약속을 알고 그 언약의 복을 구하는 자가 하나님이 함께하시는 영적 축복을 받는 자가 된다.

그렇다. 그 거룩한 욕심이 하나님을 가까이하게 되는 계기가 된다. 하나님과의 언약의 관계를 기억하게 한다. 그러나 육신의 욕망이 그 거룩한 욕심을 지배하게 될 때, 시험을 만날 수밖에 없다. 야곱의 삶이 그러했다. 그래서 그는 큰 어려움에 직면하게 되었다. 그의 성품대로 속이며 살아왔기에 어쩌면 당연한 삶의 결과이기도 하다. 그가 외삼촌의 집을 떠나 가솔과 얻은 재물을 이끌고 독립하여 나오는 것으로부터 어려움은 찾아오기 시작했다. 분노하는 형을 피해 도망쳐 외삼촌 집에서 속고 속이며 20년의 세월을 보낸 후, 고향으로 돌아오는 길에 형 에서가 그의 귀환 소식을 듣고 400명의 장정들을 거느리고 자신에게 온다는 것을 알게 되었다. 형으로부터 용서받지 못한다면 그의 마지막은 파멸뿐이었다. 야곱은 자기 행위를 알았기 때문에 에서를 무척 두려워했다(창 32:11). 하지만 그는 하나님이 함께하여 베푸신 은혜를 잊지 않았고, 그 약속을 의지하여 간구하였다.

야곱이 얍복 강가에서 날이 세도록 주의 사자와의 씨름한 것을 호세아서는 "울며 간구하였다"라고 서술했다(호 12:4). 한마디로 그의 간구는 하나님의 임재 가운데서 문제를 해결 받기 위해 끈질기게 매달린 사투였다. 여기에 등장하는 주의 사자는 하나님의 임재를 뜻한다. 야곱은 환도 뼈가 위골될 정도로 하나님께 매달렸다. "당신이 내게 축복하지 아니하면 가게 하지 아니하겠나이다"(창 32:26)

죽기를 각오하고 주의 사자를 끝까지 붙들고 놓아주지 않자, 그 열심에 하나님은 야곱에게 '이스라엘(하나님과 겨루어 이김)'이라는 이름을 부여하셨다. 하나님께서 새 이름을 부여하시는 것은 언약의 집행자이신 자신이 친히 그 이름대로 약속을 지키시겠다는 의지의 신실하신 표현이다. 아브라함에게도 하나님은 내가 내 언약을 나와 너 사이에 세워 너로 번성케 하리라 하시고, '열국의 아비'란 뜻의 아브라함이란 이름을 주셨던 것처럼 말이다. 하나님은 그곳에서 야곱을 축복하셨다. 야곱은 하나님을 대면하여 보았으나 내 생명이 보전되었다는 뜻에서 그곳을 '브니엘(하나님의 얼굴)'이라고 지칭하였다.

이렇게 하나님 앞에 서는 것은 생명을 걸 만큼 중차대한 일이다. 여기 야곱도 형 에서를 만나야 하는 위기 속에서 "함께하시는 하나님" 앞에 생명을 걸고 매달려 자신의 소원대로 하나님의 축복을 약속받았다. 그것이 '이스라엘'이다.

"네가 하나님과 및 사람들과 겨루어 이겼음이니라"(창 32:28)

그는 브니엘을 지나면서 새 아침을 맞이하였다. 어제의 아침이나 새 아침의 해가 다른 것이 아니었으나 이제 그는 두려움에서 벗어나 형 에서를 담대히 만나는 자가 되었다. 상황이 변화되어 있었다.

20년 동안 동생을 죽이고자 복수의 칼날을 품고 400명의 장정을 이끌고 온 에서는 동생 야곱을 본 순간 달려와서 그를 안고 목을 어긋맞추고 입맞추며 서로 울었다.

하나님의 임재 체험은 야곱처럼 브니엘을 통한 죽는 경험을 통해 더 구체화되고 축복이 된다. 그러므로 오늘도 주님의 임재를 체험하려면 십자가에서 주님과 함께 죽는 경험을 하여야 주님과 함께 하는 생명의 부활을 경험할 수 있다. 그 첫 번째 경험이 세례이다. 세례를 받을 때 우리는 그리스도와 함께 죽어야 한다. 세례 요한은 선포했다. 나는 너희로 회개하게 하기 위하여 세례를 주거니와 내 뒤에 오시는 분은 성령과 불로 너희에게 세례를 주실 것이다(마 3:11).

그리스도와 함께 죽을 때 살리는 것은 영이다(요 6:63). 성령의 살리심을 통하여 우리는 주님의 임재를 경험하게 될 것이다. 그리하면 우리네 삶의 상황은 역전된다.

사도 바울은 "너희가 세례로 그리스도와 함께 장사되고 또 죽은 자들 가운데서 그를 일으키신 하나님의 역사를 믿음으로 말미암아 그 안에서 함께 일으키심을 받았느니라"(골 2:12)고 고백했다. 또

"누구든지 그리스도와 합하기 위하여 세례를 받은 자는 그리스도로 옷 입었느니라"(갈 3:27)고 했다. 이처럼 바울은 그리스도와 함께 죽는 경험을 하였기에 진정으로 하나님이 함께하는 삶을 고백할 수 있었다.

"내가 그리스도와 함께 십자가에 못 박혔나니 그런즉 이제는 내가 사는 것이 아니요 오직 내 안에 그리스도께서 사시는 것이라"(갈 2:20)

하나님은 아브라함을 불러 축복을 약속하시고 그 부르심의 뜻이 이루어지도록 자손인 이삭과 야곱에게 함께하셨다. 그러나 이 사람들은 다 믿음을 따라 죽었으며 약속을 받지 못하였다고 증언한다. 여기에 반전이 있다. 그들은 하나님의 약속을 멀리서 보고 환영했다. 곧 기뻐했다고 했다. 히브리서 기자는 말한다.

"이 사람들은 다 믿음을 따라 죽었으며 약속을 받지 못하였으되 그것들을 멀리서 보고 환영하며 또 땅에서는 외국인과 나그네임을 증언하였으니 그들이 이같이 말하는 것은 자기들이 본향 찾는 자임을 나타냄이라 그들이 나온 바 본향을 생각하였더라면 돌아갈 기회가 있었으려니와 그들이 이제는 더 나은 본향을 사모하니 곧 하늘에 있는 것이라"(히 11:13-16)

무엇이 이 땅에서 이방인과 나그네로 사는 삶에 즐거움(환영)을 가져다주었을까? 소망이다. 하나님이 계획하시고 지으실 터가 있는 성을 소망하므로(히 11:10), 삶을 즐거워했다고 해석할 수 있다. 하나님이 우리를 위하여 더 좋은 성을 예비하셨으니 완전한 땅이요 영원한 하나님의 나라이다. 그곳이 더 나은 본향인 것은 하나님 아버지가 영원히 함께하시기 때문이다.

이와 같이 오늘의 그리스도인들도 믿음으로 말미암은 아브라함의 후손들로서 언약의 완성자인 예수 그리스도로 인하여, 하나님이 함께하는 주의 나라를 이 땅에서 누리며 장차 오게 될 영원한 하나님의 나라를 소망하며 기쁘게 사는 자들이다. 이 소망을 확실히 하고 언약의 기쁨을 누릴 수 있게 하는 것이 "하나님이 함께하심"이다.

그의 주인이 여호와께서 그와 함께 하심을 보며
또 여호와께서 그의 범사에 형통하게 하심을 보았더라

# 3
# 요셉과 함께하신 하나님
## -형통

"여호와께서 요셉과 함께하시므로 그가 형통한 자가 되어 그의 주인 애굽 사람의 집에 있으니 그의 주인이 여호와께서 그와 함께 하심을 보며 또 여호와께서 그의 범사에 형통하게 하심을 보았더라"(창 39:2-3)

요셉은 이집트에 종으로 팔렸다. 생각해보면 인생이 참 비참하다. 17세 청소년이었던 그는 한참 꿈 많은 시절을 살았다. 그러나 그는 남도 아닌 형들로부터 시기와 미움을 받아 먼저 죽음의 구덩이에 던져졌다. 형들의 일말의 핏줄이라는 동정심 때문에 다행히 죽임을 면하게 되었지만, 형들은 그를 은 20에 미디안 상인들에게 팔아버렸다. 상인들은 그를 이집트까지 데려가 왕의 시위 대장인 보디발에게 되팔았다. 사람이 여기저기 물건처럼 팔린다는 것은 매우 비참한 일이다. 그것은 다른 생각할 여지도 없이 그 사람이 이제 평생을 노예로 살아야 함을 뜻한다. 낯선 땅 이집트에서 삶의 시작은 요셉에게 두려움과 절망 외에 더 무엇이 있었을까?

성경은 종으로 살게 된 요셉의 삶을 가리켜 "여호와께서 함께 하시므로 그가 형통한 자가 되어 그 주인 애굽 사람의 집에 있었다"(창 39:2)라고 기록한다. 아버지의 사랑을 독차지하던 아들이 먼 이국땅에 팔려와 종이 되었는데, 하나님이 함께하시어 형통한 자가 되었다니 이게 무슨 말인가? 당시 이집트에는 수많은 노예가 국가적 건설 현장에 끌려가 갖은 노역 끝에 육체적 고통으로 쇠진하여 자신들의 삶을 마감하는 자들이 많았다. 그런데 요셉은 다행히도 가사를 돌보는 종으로 있게 되었으니, 하나님이 요셉의 삶에 간섭하고 계신다는 분명한 의미가 아니겠는가.

"그의 주인이 여호와께서 그와 함께 하심을 보며 또 여호와께서 그의 범사에 형통하게 하심을 보았더라"(창 39:3)

위 말씀에서 보듯이, 요셉에게 하나님이 함께하심으로 나타난 현상은 그의 형통함이었다. 형통을 가리키는 히브리어 "짜라흐"는 여러 뜻이 있는데, 우리가 생각하는 형통의 의미와 비슷한 뜻으로는 '좋다', '유익하다', '번영하다' 등이 있다. 사전에서 '형통'은 "모든 일이 뜻과 같이 잘 되어간다"는 말로 정의한다.

이런 면에서 볼 때, 종의 신분으로서 요셉이 형통해 보아야 그게 얼마나 유익하며 좋은 것이겠는가? 차라리 부모 밑에서 곱게 자라 그 당시 풍속대로 부모의 가업을 이으며 사는 것이 평범하지만 행복한 것이 아닐까? 그가 종으로 팔려 오기 전 하나님이 그와 함께 하셔서 그의 삶을 간섭하심이 더 좋을 것 같다는 생각이 들지 않는가? 그러나 요셉이 나중 깨달은 것은 우리 모두의 삶에 깨달음을 준다. 요셉은 알고 있었다. 그는 자신이 왜 이 애굽까지 팔려왔어야 했는지, 그 이유를 자신을 두려워하는 형들 앞에서 말했다. "당신들이 나를 이곳에 팔았다고 해서 근심하지 마소서 한탄하지 마소서 하나님이 생명을 구원하시려고 나를 당신들보다 먼저 보내셨나이다"(창 45:5)

하나님은 이스라엘의 구원을 위하여 멀리 내다보고 계셨다. 하나님께서 그 구원을 위하여 얼마나 치밀하게 요셉의 삶을 계획하고 계셨는지 보여 준다. "당신들은 나를 해하려 하였으나 하나님은 그것을 선으로 바꾸사 오늘과 같이 많은 백성의 생명을 구원하게 하시려 하셨나니 당신들은 두려워하지 마소서"(창 50:20-21)

그렇다면 성경에서의 형통함은 내 뜻대로가 아닌 하나님의 뜻대로 잘 되어가는 것을 의미한다고 하겠다. 그런데 형통함이란 갑자기 튀어나오는 것이 아니다. 성경은 말한다. 이방인인 보디발은 요셉에게서 하나님이 함께하심을 보았다. 그는 하나님이 요셉의 모든 일에 형통하게 하심을 보았다고 증언한다. 어떻게, 무엇이 이방인인 그로 하여금 요셉에게서 보이지 않는 하나님을 보고, 요셉의 형통함이 하나님이 하신 일이라고 여기게 되었을까?

보디발이 요셉의 형통함을 본 것은 요셉이 가정 총무의 일을 맡기 전이었다. 또한 주인인 그의 소유에 하나님께서 복을 내리시기 전이었다. 우리는 이것에 대한 대답을 요셉의 삶의 태도에서 찾아볼 수밖에 없다. 요셉은 보디발의 집에 온 첫날부터 한결같이 성실함과 정직함으로 하루하루를 하나님과 동행하였을 것이다. 아는 이 하나 없는 낯선 땅에서 그가 의지하고 바라볼 수 있는 이는 오직 자신과 함께하시는 하나님밖에 없었다. 그는 자신의 처지를 비관하거나 좌절하지 않고 하나님 앞에서 정직하였고 주어진 삶에 성실하였다. 그러기에 보디발 아내의 유혹 앞에서도 그는 담대히 말할 수 있었다. "당신은 주인의 아내입니다. 내가 어찌 이 큰 악을 행하여 하나님께 죄를 짓겠습니까!" 요셉의 이 태도는 "하나님 앞에서의 인식이다." 그는 늘 하나님과 동행하였기에 하나님 앞에서 죄를 지을 수 없다는 인식이다.

이 사건은 주인의 소유를 다 맡은 후에 일이지만, 하나를 알면 열을 알듯이 요셉의 성실과 정직함은 그가 보디발의 집에 온 날부터 하나님 앞에서 자신의 본분을 알고 맡겨진 일에 충성하였기 때문이다. 그렇게 요셉은 자신의 삶의 태도를 통하여 다른 종들에게서는 볼 수 없는 큰 인상을 주인에게 주었을 것이다. 그런 요셉을 보디발은 눈여겨 살펴보았을 것이며, 그에게 "하나님이 함께하는 자"란 인식을 가져다주었을 것이다.

이에 성경은 "요셉이 그의 주인에게 은혜를 입어 섬기매 그가 요셉을 가정 총무로 삼고 자기의 소유를 다 그의 손에 위탁하니"(창 39:4)라고 했다. 성경은 말한다. "네가 적은 일에 충성하였으매 내가 많은 것을 네게 맡기리니 네 주인의 즐거움에 참여할지어다"(마 25:21) 하나님께서는 요셉을 위하여 보디발의 집에 복을 내리셨다. 이것이 하나님과 함께하는 자에게 주어진 언약의 축복이다. 그렇다. 요셉은 종이었으나 자유자였고, 없는 자 같으나 많이 가진 자였으며, 도리어 하나님의 복을 나누는 자가 되었다.

요셉이 보디발의 집에서 가정 총무로 섬긴 지 거의 10년, 요셉은 준수한 용모에 몸매가 건장한 어엿한 청년이 되었다. 하나님이 함께하신다고 해서 유혹이 없는 것은 아니다. 유혹은 어디에나 있다. 문제는 우리가 그 유혹 앞에 넘어지느냐, 담대히 물리치느냐 하는 데 있다. 이미 언급했던 이야기이다. 주인의 아내가 끊임없이 성적으로 유혹했다. "동침하자!" "동침하자!" 그가 이를 거절했음에도 불구하고 그녀는 날마다 요청했다(창 39:10)고 성경은 자세히도 기록하고 있다.

신체 건장한 젊은 청년 요셉에게 성적인 유혹은 쉽게 뿌리치기 어려운 시험일 수밖에 없다. 거기에 주인 아내의 요구는 더 거절하기 어려운 일이다. 그러나 요셉은 유혹 앞에서 승리했다. 비결은 하나님 앞에서 죄를 지을 수 없다는 단호함이었다. 그러나 그 승리가 기다리는 것은 감옥이었다. 보디발 아내가 그에게 누명을 씌웠으므로 그는 주인의 분노를 사게 되었다. 그런데 성경은 말한다. "… 요셉이 옥에 갇혔으나 여호와께서 요셉과 함께 하시고…"(창 39: 20-21) 이쯤 되면, 하나님의 함께하심이 무슨 소용이란 말인가 하고 외칠 만하다. 하나님이 함께하셨는데, 어찌 감옥인가 한탄할 만하다. 하지만 주님은 의를 위하여 핍박을 받는 자는 복이 있다 하시지 않았던가(마 5:10).

하나님을 사랑하는 자 곧 그 뜻대로 부르심을 입은 자들에게는 모든 것이 합력하여 선을 이룬다(롬 8:28)고 말씀하신 것처럼, 이집트에서 요셉에게 주어진 삶의 제2막은 감옥에서 시작되었다. 여전히 그는 형편이 어려운 가운데 있었지만, 그는 그곳에서도 성실했다. 하나님의 비밀한 손이 그를 도우셔서 요셉은 간수장의 은혜를 입어 감옥 안의 제반 사무를 처리하는 자가 되었다. 간수장은 요셉의 손에 맡긴 것은 무엇이든지 돌아보지 아니할 정도로 그를 신뢰하였다. 성경은 그 이유를 "여호와께서 요셉과 함께하심이라 여호와께서 그를 범사에 형통하게 하셨더라"(창 39:23)라고 말한다. 무엇이 간수장으로 요셉을 완전히 신뢰할 만한 사람으로 여기게 했을까?

여기서 하나님의 함께하심과 형통함은 무엇으로 나타나는가? 요셉에 대한 성경의 전체적인 내용으로 볼 때, 그의 정직함과 성실한 삶의 태도에서 비롯되었을 것이다. 하나님이 함께하는 자의 모습은 어떤 형편에서나 믿고 신뢰할 수 있는 사람이다. 거기에 형통함이 있다. 성경적 형통은 고난이 없는 넓은 길을 의미하지 않는다. 하나님의 함께하심에 따른 하나님의 임재에 있다. 어디에 있던 하나님과 함께하기에 '하나님 앞에서의 삶'을 실천하는 자, 그래서 하나님의 뜻을 이루어가는 자가 형통한 자이다.

요셉은 죄의 유혹 앞에서 하나님 편에 서는 자였고, 감옥에 갇혀 죄인인 것 같으나 죄인들을 돕는 자였다. 그의 형통은 작은 일에 충성하므로 더 큰 일을 맡아 일하는 자가 되었다. 꿈의 해석은 하나님께 있다(창 40:8)고 요셉이 말한 것처럼, 그의 꿈 해석은 하나님의 뜻을 이루어가는 과정이었다. 마침내 그는 미래를 내다보는 혜안으로 이집트 총리가 되어 한 나라를 기근과 흉년으로부터 구하고, 자신의 부모 형제 즉 하나님이 택하신 백성 이스라엘을 구하는 자가 되었다.

우리도 기도 제목 가운데 삶의 형통함을 구할 때가 있다. 그러나 우리가 구하는 것이 무엇인지 모르고 기도한다는 생각이 든다. 우리가 구해야 하는 형통함은 내 생각대로 잘 되는 것이 아니라 하나님의 뜻대로 되는 것이어야 한다. 이것이 진짜 형통이다. 성경은 죄인의 형통을 부러워하지 말고 하나님을 경외하라(잠 23:17)고 했다. 요셉의 형통함을 들여다보면서 깨닫게 되는 것은 삶이 어떤 형편에 있든지 자신의 삶을 통하여 하나님의 뜻이 이루어진다면 그것이 형통한 삶이라는 것이다. 그러므로 어떤 형편에서든지 하나님 앞에서 의로움으로 하나님을 끝까지 신뢰해야 한다.

요셉처럼 원치 않는 종의 삶이라도 이를 긍정적으로 받아들이고, 죄 없이 감옥에 갇힌다고 해도 성실함으로 감사하고, 주와 동행하므로 기뻐할 수 있는 그리스도인의 삶을 살아낸다면, 어떤 모양으로든 "하나님이 함께하심"을 사람들에게 보여 주게 될 것이다.

하나님은 이유 없이 우리를 시험하시거나 고난을 허락하지 아니하신다. 고난과 어려움 속에서도 하나님을 끝까지 의지한다면, 반드시 하나님의 영광을 보게 될 것이다.

나는 너희의 하나님이 되려고 너희를 애굽 땅에서 인도하여 낸 여호와라
내가 거룩하니 너희도 거룩할지어다

# 4
# 모세와 함께하신 하나님
## -구별하심

"나는 너희와 함께 올라가지 아니하리니"(출 33:3)

위 말씀은 하나님이 이스라엘 백성들에게 하신 말씀이다. 내가 너희와 함께 있어 너희를 지켜 인도하리라 하신 하나님이 그 약속을 뒤집는 말씀을 하셨다. 이스라엘 백성이 이집트에서 나와 하나님이 말씀하신 약속의 땅, 젖과 꿀이 흐르는 가나안으로 가는 시내산 아래 광야에서 일어난 일이었다. 도중에 모세가 하나님의 계명을 받으러 시내 산에 올라간 후 지도자가 보이지 않자, 백성들이 두려워하여 아론에게 자신들을 이끌 신을 만들라 하여 만든 것이 금송아지였다. 이는 신을 만들어 낼 수 있다는 이방인의 종교 문화에서 벗어나지 못한 영적 타락이었다. 이를 두고 하나님은 이스라엘 백성들에 대하여 부패하였다고 하셨고(출 32:7), 목이 곧은 백성이라 하셨다.

하나님의 은혜를 잊어버리면 목이 곧은 백성이 된다. 목이 곧다는 것은 교만을 의미하는 부분도 있지만, 모세는 이스라엘 백성의 이 상태를 방자하게 행한다(출 32:25)고 표현하였다. 이는 제 고집대로 행하는 이스라엘의 불순종 상태를 말해 준다.

모든 원인은 하나님이 베푸신 은혜를 잊은 결과다. 하나님의 은혜를 잊은 백성은 방자히 행할 수밖에 없다. 하나님의 함께하심을 잊어버린다. 곧 하나님의 약속을 깊이 신뢰하지 못하는 불신앙을 낳게 된다.

하나님은 이 이스라엘 백성의 행위를 목이 곧은 백성이라 하시며 크게 진노하시고 징계하셨다. 모세가 이 백성을 용서해 주시지 않으려면 생명책에서 자신의 이름을 지워달라고 속죄의 회개 기도를 드림으로써 하나님은 진노를 거두셨다. 하지만 그는 하나님으로부터 함께하지 않겠다는 말씀을 들어야만 했다.

"내가 사자를 너보다 앞서 보내어 가나안 사람과 아모리 사람과 헷 사람과 브리스 사람과 히위 사람과 여부스 사람을 쫓아내고 너희를 젖과 꿀이 흐르는 땅에 이르게 하려니와 나는 너희와 함께 올라가지 아니하리니 너희는 목이 곧은 백성인즉 내가 길에서 너희를 진멸할까 염려함이니라 하시니"(출 33:2-3)

낮에는 구름 기둥으로, 밤에는 불기둥으로 친히 이스라엘의 가는 길을 인도하시던 하나님이 오죽하면 이런 말씀을 하셨을까 생각한다. 하나님의 징계를 보았던 백성들은 이 황송한 말씀을 듣고 슬퍼하며 모세의 명에 따라 그들의 몸에서 단장품을 제하였다. 단장품은 그들이 갖고 있던 이방인의 풍속이었다. 하나님을 따르면서도 여전히 갖고 있었던 이방 풍속은 마땅히 버려야 했다. 그들은 생각했다. 만약 하나님이 함께하지 않으신다면, 자신들은 어떻게 될 것인가? 이 사건은 그들의 여정에서 '하나님의 임재'를 심각하게 생각하게 되는 계기가 되었다.

신앙생활에서 하나님이 함께하시지 않으면 어떻게 될지 진지하게 생각해 본 적이 있는가?

모세는 진 밖에 회막이라 이름하는 장막을 치고, 구름 기둥으로 임하신 하나님과 친구처럼 대화하는 모습 속에 '하나님의 임재'를 백성들에게 보여 주었다. "모든 백성이 회막 문에 구름 기둥이 서 있는 것을 보고 다 일어나 각기 장막 문에 서서 예배하며 사람이 자기의 친구와 이야기함 같이 여호와께서는 모세와 대면하여 말씀하시며…"(출 33:10-11)

모세에게는 하나님이 함께하시지 않는다면, 약속의 땅 가나안에 들어간다는 것이 별 의미가 없었다. 하나님께서 그에게 사명을 맡기실 때 이렇게 말씀하셨다. "내가 반드시 너와 함께 있으리라 네가 그 백성을 애굽에서 인도하여 낸 후에 너희가 이 산에서 하나님을 섬기리니"(출 3:12). 그런데 이제 와서 하나님 없이 백성들과 가나안에 들어가게 된다면, 그 목적이 사라지게 되기 때문이다. 그래서 그는 하나님께 요청했다.

"… 주께서 친히 가지 아니하시려거든 우리를 이곳에서 올려 보내지 마옵소서 나와 주의 백성이 주의 목전에 은총 입은 줄을 무엇으로 알리이까 주께서 우리와 함께 행하심으로 나와 주의 백성을 천하 만민 중에 구별하심이 아니니이까"(출 33:15-16)

모세는 하나님이 함께해 주시기를 간절히 구하였고, 이에 하나님은 친히 함께 가시겠다 약속해 주셨다. 그는 하나님이 함께 올라가시겠다는 약속을 받았음에도 불구하고, 정말 하나님의 분노가 완전히 풀리셨는지 확인해 보고 싶었나 보다. 그래서 하나님께 직접 요구했다. "원하건대 주의 영광을 내게 보이소서"(출 33:18)

모세가 구한 '하나님의 영광'에 대하여 하나님은 답하셨다. 하나님은 자신의 얼굴에 대해 말씀하시며 "내 얼굴을 보는 자는 살 자가 없다"고 하시고, "내 영광이 지날 때 너를 숨겨 내 등을 볼 것이요 얼굴은 보지 못하리라"고 하셨다(출 33:20-23). 여기서 하나님의 영광과 하나님의 얼굴은 동일시되고 있다. '주의 영광'이란 하나님 자체가 영광이심을 의미한다. 하나님의 모든 것, 태양처럼 그 무엇도 근접할 수 없는 위대하심과 높음, 그리고 장엄함이다. 더불어 인간적인 속성이신 자비하심과 사랑이시다. 태양마저도 그의 말씀으로 지음 받은 피조물이기 때문에 그의 영광이 온 우주에 충만한 것처럼 주의 이름이 그의 하신 일을 통하여 드러나는 것 그것이 하나님의 영광이다. 그러므로 하나님이 자기 백성을 구원하시고자 이 땅에 보내신 독생자 예수 그리스도는 하나님 영광의 형상이다.

히브리서는 그리스도를 증거하여, "이는 하나님의 영광의 광채시요 그 본체의 형상이시라"고 했다(히 1:3). 바울도 "하나님께서 예수 그리스도의 얼굴에 있는 하나님의 영광을 아는 빛을 우리 마음에 비추셨느니라"(고후 4:6)고 말했다. 그리스도를 통하여 하나님의 영광을 볼 수 있다는 것은 하나님의 은혜이다.

성경에서 하나님의 얼굴은 하나님의 임재의 상징적인 표현이다. 어느 때나 하나님은 본 사람이 없다고 한 것처럼(요일 4:12), 하나님을 직접 대면하여 볼 자가 없다. 그러므로 하나님의 임재에서 직접적인 대면으로 하나님이 함께하시는 것은 아니다. 하나님은 주의 사자 곧 천사나, 구름 기둥이나 불기둥 가운데 역사하며 또는 음성으로 임재하셨다.

하나님이 등을 보여 주신 것에 대하여 해석상의 어려움은 있지만, 설교자들은 대체로 앞서가시며 행하시는 하나님의 인도하심을 나타낸다고 하였다. 하나님은 앞서 행하시기에 우리는 그분의 등만을 볼 수밖에 없다. 하나님이 앞서가시며 행하시는 놀라운 일을 통하여 우리는 하나님의 영광을 보게 될 것이다. 그러므로 하나님을 전폭적으로 신뢰하고 따라가면 되는 것이다.

이스라엘 백성들도 하나님이 함께하시며, 그들 앞서 행하시며, 인도하시는 놀라운 일을 통하여 하나님의 영광을 보고 하나님께 찬양을 돌려야 했다. 하지만 잠깐 지도자가 보이지 않자, 그들은 하나님이 어디 계시냐고 따져 물었다. 그들은 하나님이 함께하심을 깨닫지 못하고 광야에 버려진 자들처럼 두려워하였다. 그들은 방자히 행하여 금송아지를 만들어 그것을 자신들을 이집트에서 이끌어 낸 신이라 찬양하는 불신앙을 드러냈다. 그들의 이 행위는 하나님의 진노를 불러일으켰다. 이는 보이지 아니하시나 함께하시는 하나님을 전적으로 신뢰하지 못한 때문이자, 하나님의 은혜를 잊은 결과이다.

하나님의 임재를 체험할 수 있는 길은 하나님의 진노와 하나님의 영광이다. 모세는 하나님의 진노하심을 보았다. 누가 진노를 통하여 하나님의 임재를 체험하기를 원하겠는가? 그런데 목이 곧은 이스라엘 백성은 하나님의 진노와 징계를 통하여 하나님의 함께하심을 보았다. 이제 모세는 하나님의 영광을 보기를 원했다. 그러나 하나님은 자신의 영광을 이스라엘 백성들을 이집트에서 이끌어 내 올 때 이미 보여 주셨다. 이를 모세는 하나님의 등을 보며 깨달아 알았을까?

하나님의 일하심을 체험해 보고 싶은가? 하나님의 살아계심을 느껴보고 싶은가? 하나님이 세상을 심판하시는 일을 통하여 하나님의 크심과 엄위하심을 보라. 하나님이 어떠한 사랑을 가지시고 하나님의 영광의 광채이신 아들 예수 그리스도를 이 땅에 보내셨는지, 그 일을 통하여 하나님의 구속사의 영광을 보라. 그 하나님이 우리와 세상 끝날까지 함께하시겠다고 약속하셨다. 아! 하나님의 은혜, 이 은혜는 하나님의 또 하나의 보이지 않는 임재이다.

## 세상과의 구별

"… 주께서 우리와 함께 행하심으로 나와 주의 백성을 천하 만민 중에 구별하심이 아니니이까"(출 33:16)

이와 같이 모세는 하나님이 함께 행하심이 이스라엘이 만민 중에 구별되었음을 고백하였다. 무엇이 우리로 하여금 하나님의 백성으로 구별되게 하는가? 이는 돈이나 권세, 어떤 화려함으로 구별되는 것이 아니다. 예수님은 너희가 무엇을 보려고 광야에 나갔냐고 물으셨다. "바람에 흔들리는 갈대냐 그러면 너희가 무엇을 보려고 나갔더냐 부드러운 옷 입은 사람이냐 보라 화려한 옷을 입고 사치하게 지내는 자는 왕궁에 있느니라"(눅 7:24-25)

우리가 아무리 화려하게 교회당을 짓고, 수많은 사람이 모여 온갖 기교로 하나님을 예배한다고 하더라도, 하나님이 함께하심이 없는 교회, 하나님의 임재가 없는 예배, 그것은 종교적 행위에 불과하다. 구별된다는 뜻은 거룩과 관계된다. 히브리어 개념의 '거룩'은 더러움, 죄, 악과 같은 영역에서 구별된 것을 가리킬 때, "카다쉬"란 말로 표현된다. 그러므로 하나님은 거룩하신 분이시기에 더러움, 죄와 악과 조화될 수 없다.

"그리스도와 벨리알이 어찌 조화되며 믿는 자와 믿지 않는 자가 어찌 상관하며 하나님의 성전과 우상이 어찌 일치가 되리요 우리는 살아 계신 하나님의 성전이라 이와 같이 하나님께서 이르시되 내가 그들 가운데 거하며 두루 행하여 나는 그들의 하나님이 되고 그들은 나의 백성이 되리라"(고후 6:15-16)

그러므로 하나님의 임재가 없는 곳, 그곳에는 거룩이 없다. 사람들이 방자히 행하여 하나님의 영광이 떠난 상태이다. 사람의 계획과 권세가 가득한 곳, 욕망과 불법이 주님의 뜻보다 앞서는 그곳은 더 이상 주님의 이름으로 모일지라도 하나님의 영광을 볼 수 없다. 하나님의 백성은 세상과 무엇으로 구별되는가? 하나님의 함께하심의 여부이다. 하나님은 거룩하라고 명령하셨다.

"나는 너희의 하나님이 되려고 너희를 애굽 땅에서 인도하여 낸 여호와라 내가 거룩하니 너희도 거룩할지어다"(레 11:45)

베드로전서에서도 "오직 너희를 부르신 거룩한 이처럼 너희도 모든 행실에 거룩한 자가 되라 기록되었으되 내가 거룩하니 너희도 거룩할지어다"(벧전 1:15-16)라고 했다. 하나님을 온전히 나의 하나님으로 모시고, 세상으로부터 불러내신 그 뜻을 따라 하나님과 함께하는 삶에 구별이 있다. 그러므로 하나님이 함께하심을 보여 주는 교회는 주의 은혜를 아는 자들로, 감사와 주의 이름을 부르는 백성들로 가득 찬다. 이 함께하심은 단순히 입으로 하는 인사의 개념을 넘어서서 믿는 자 한 사람 한 사람이 하나님의 임재를 체험하며 하나님 앞에서 살게 될 때, 그리고 하나님이 당신과 함께하심을 보았다고 증거 받는 자리에 서게 될 때 드러나게 될 것이다. 바로 그때 하나님이 말씀하신 언약의 약속을 경험하게 된다.

"너를 축복하는 자에게는 내가 복을 내리고 너를 저주하는 자에게는 내가 저주하리니"(창 12:3)

이 약속의 말씀을 품고 담대히 하나님 앞에 서는 것이 세상 사람들과 다른 거룩한 자의 참모습이다.

## 하나님이 함께 하심은 우리의 의지가 아닌 하나님의 의지이다

엘리 제사장 시대, 엘리의 두 아들인 홉니와 비느하스는 부랑자로, 그들은 하나님의 제물에 손대는 자들이었다. 또한 그들은 장막에서 수종 드는 여성을 겁탈하는 등 하나님을 경외하지 않았고, 하나님의 규례를 무시했다. 그들은 구별되지 못했다. 그럼에도 불구하고 그들은 블레셋과 전쟁에서 하나님의 임재의 상징인 법궤를 앞세우고 나갔다. 왜 법궤를 앞세우고 나가겠는가? 그들도 전장에서 하나님이 권능으로 도와주시기를 바라고, 하나님의 함께하심에 용기를 얻기 위해서였다. 그러나 알아야 한다. 하나님의 함께하심은 사람의 의지나 희망대로 이루어지는 것이 아님을 말이다. 그들은 알아야 했다. 하나님은 거룩하신 하나님이시고 만홀히(등한시하고 소홀히) 여김을 받지 않으신다는 사실을 말이다.

"스스로 속이지 말라 하나님은 업신여김을 받지 아니하시나니 사람이 무엇으로 심든지 그대로 거두리라"(갈 6:7)

결국 그들은 법궤를 빼앗기고 전장에서 죽임을 당했다. 하나님의 임재가 없는 법궤는 무슨 권능이 있으며, 하나님이 함께하시지 않는 이스라엘을 어느 누가 두려워하겠는가? 오늘의 교회나 개인도 하나님의 함께하심의 임재가 없으면 무슨 능력과 은혜가 머물겠는가?

전장의 소식을 들은 엘리 제사장은 의자에 앉아 있다 놀라 쓰러져 목뼈가 부러져 죽었다. 이 소식을 들은 비느하스의 처는 아이를 출산하며 하나님의 영광이 떠났다고 외치며 죽었다. 하나님을 경외하지 않는 곳에는 멸망의 그림자만 깊이 드리우고 하나님의 영광은 떠나기 마련이다.

하나님은 함께해 주심에 별도로 우리에게 요구하시는 것이 있다. 모세가 떨기나무 불꽃 가운데 나타나신 하나님의 임재를 처음 대하였을 때, 그때 하나님이 모세에게 요구하신 것은 "신발을 벗으라"였다.

"네가 선 곳은 거룩한 땅이니 네 발에서 신을 벗으라"(출 3:5)

신을 벗는 행위에 대한 설교자들의 다양한 해석이 있다. 대체로 공통적인 것은 "너의 권리를 포기하라"는 의미로 해석한다. 이에 대한 증거로 당시 문화권에서는 신발은 신분을 나타내는 척도인데, 그것을 벗어 준다는 것은 자신의 권리를 포기하는 증표로 삼았다는 데 둔다. 예로 룻기를 보면, 보아스가 룻과 결혼하려 할 때, 당시 이스라엘 풍습에서 기업 무를 우선권이 있는 자가 그 권리를 포기한다는 증표로 자신의 신발을 벗어 보아스에게 줌으로써 보아스는 룻과 결혼할 수 있었다(룻 4:8).

모세는 불타는 떨기나무 앞, 하나님의 임재 앞에서 부르심을 받을 때, 자신의 권리를 포기하라는 요구를 받았다. 그것은 신분의 포기이다. 자기 자신 속에 잠재된 과거 애굽의 왕자로서 모든 화려했던 부귀와 권세에 대한 미련, 실패와 상실감에 빠져 목동으로 살고 있는 자신의 처지에 대한 비관 등을 포함한 모든 것에 대한 포기였다. 이는 하나님 앞에서 자아를 부인하는 내려놓음이었다. 후대에 히브리서는 이를 증언하기를, 모세가 하나님의 백성과 함께 고난받기를 잠시 죄악의 낙을 누리는 것보다 더 좋아했다고 기록하였다(히 11:25).

하나님의 거룩한 영역에 들어서기 위해서는 먼저 자신의 지위 신분을 내려놓아야 한다. 권리를 포기해야 한다. 이것은 자기 부인이다. 예수님께서 "누구든지 나를 따라오려거든 자기를 부인하고 자기 십자가를 지고 나를 따를 것이니라"(마 16:24) 하신 말씀과 같은 맥락이다.

우리가 하나님의 임재, 곧 하나님과 함께하게 하는 거룩함의 영역에 들어가기 위해서는 먼저 자기의 권리를 포기할 줄 알아야 한다. 세상의 것을 가지고는 하나님과 함께할 수 없다. 예수님은 이런 말씀도 하셨다. "한 사람이 두 주인을 섬기지 못할 것이니 혹 이를 미워하고 저를 사랑하거나 혹 이를 중히 여기고 저를 경히 여김이라 너희가 하나님과 재물을 겸하여 섬기지 못하느니라"(마 6:24)

북유럽의 루터교는 그간 국가 교회로서의 특권을 누려왔다. 그런데 국민의 5% 정도만 교회 생활을 하고, 60% 이상이 교회 생활을 하지 않는 데 대해 불편함을 느끼지 않는다는 통계가 나왔다. 이들 나라는 국민소득이 높고 복지가 잘 되어 있다는 나라들이다. 그들은 물질적 부유함도 하나님께서 함께하셔서 온 축복이라는 사실을 잊었거나 깨닫지 못한다. 이미 세속에 빠져 하나님이 그들과 함께 하든 안 하든, 그들에게는 교회 생활을 하든 안 하든 먹고 사는 일에 차이가 없다고 생각한다. 그들의 관심은 하나님을 경외하는 것에 있지 않고 인본주의적 자기 사랑에 빠져있다. 그들은 결국 최근 몇 년간 나라별 시기는 다르지만, 국교로서의 권리를 상실하고 말았다.

세속적인 인간의 욕망이 깊이 들어와 있는 교회는 하나님의 말씀이 설 자리가 없다. 성경은 말한다. "묵시가 없으면 백성이 방자히 행하거니와 율법을 지키는 자는 복이 있느니라"(잠 29:18) 하나님을 경외하지 않고 인간의 의지가 더 강요되는 인본주의의 교회는 더 이상 하나님의 영광을 볼 수 없을 것이다. 하나님의 영광이 떠나면, 사람들이 더 이상 교회 출석의 필요성을 느끼지 못하고 하나님을 두려워할 분으로 생각하지 않는다.

분명히 알아야 할 것은 하나님이 함께해 주시기를 요구한다고 해서 하나님이 임재하시는 것이 아니고, 하나님을 섬기는 친 백성으로 구별되어야 하나님이 응답하신다는 사실이다. 그러므로 먼저 모세가 하나님 앞에서 신발을 벗듯이 하나님이 함께해 주시기를 원한다면 세상적인 자기 권리와 자아를 하나님 앞에 내려놓아야 한다.

# 5
# 여호수아와 함께하신 하나님
## -용기

"네 평생에 너를 능히 대적할 자가 없으리니 내가 모세와 함께 있었던 것 같이 너와 함께 있을 것임이니라 내가 너를 떠나지 아니하며 버리지 아니하리니"(수 1:5)

지도자 모세를 잃은 이스라엘 백성들의 실망한 모습을 보며, 평생 모세를 옆에서 시종으로 섬기던 여호수아의 마음이 어떠했을까? 유유히 급하게 흐르던 요단강과 그 너머 자신이 정탐하여 보았던 가나안 땅의 장대한 거민들을 생각했을 것이다. 하나님과 말씀을 나누던 모세가 지난 40년간 이 백성들을 어떻게 이끌었는가를 잘 알았던 여호수아는 백성을 이끌어야 할 큰 부담감에 낙심이 되었을 것이다. 이러한 여호수아에게 하나님이 말씀하셨다.

"내 종 모세가 죽었으니 이제 너는 이 모든 백성으로 더불어 일어나 이 요단을 건너 내가 그들 곧 이스라엘 자손에게 주는 땅으로 가라"(수 1:2)

말씀처럼, "일어나라! 건너가라! 주는 땅으로 가라!"고 명령하셨다. 하나님이 약속하신 땅을 얻기 위해서는 행동해야 한다. 믿음은 행함과 함께한다. 행함이 없는 믿음은 죽은 것이라 했다. 낙심하거나 두려워하여서는 전쟁에서 승리할 수 없다. 아무리 좋은 목표가 있다 하더라도 낙심한 맘으로 그리고 두려움이 지배하는 분위기 속에서는 목표와 약속이 더 이상 현실이 될 수 없다.

하나님은 여호수아에게 백성들과 더불어 일어나라 말씀하셨다. 요단을 건너가라 하셨다. 항상 무엇이든 혼자 하는 일이 쉽다. 더불어 하는 일은 어렵다. 그것을 여호수아는 친히 지난 광야 길의 여정 속에서 보았다. 그러므로 하나님께서 여호수아에게 요구하신 것은 "마음을 강하게 하고 담대히 하라"는 것이었다. 그것도 반복하여 말씀하셨다(수 1:6, 7, 9).

<마음을 강하게 하고 담대히 하라>
그리하면 조상에 약속한 땅을 얻으리라.
<마음을 강하게 하고 담대히 하라>
그리하여 명령한 말씀을 지켜라 형통할 것이다.

<마음을 강하게 하고 담대히 하라>
네가 어디로 가든지 네 하나님 여호와가 너와 함께하느니라

왜 하나님이 함께해 주시겠다고 약속하는가? 백성들이 지도자 모세를 잃고 마음이 놀라 연약하고, 어찌할꼬 하여 주저앉아 있었기 때문이었다. 이런 상황에서 여호수아에게 필요한 것은 무엇보다 하나님이 자신과 함께하신다는 확신이었다. 하나님이 함께하신다는 확신은 우리를 강하게 하고 담대케 한다. 힘을 얻는 것이다. 할 수 있다는 용기이다.

하나님의 함께하심이 우리의 힘이다. 다윗도 고백하여 "나의 힘이신 여호와여 내가 주를 사랑하나이다"(시 18:1)라고 했듯이 하나님이 함께하심이 능력이다. 믿는 자의 삶에 힘의 근원이다. 하나님이 함께하신다면 어디를 가든지 두려워할 필요가 없다. 하나님이 우리 편이 되어주신다. 왜냐하면 여호와는 우리의 하나님이시기 때문이다.

"여호와는 나의 반석이시요 나의 요새시요 나를 건지시는 이시요 나의 하나님이시요 내가 그 안에 피할 나의 바위시요 나의 방패시요 나의 구원의 뿔이시요 나의 산성이시로다"(시 18:2)

오늘날도 믿음을 지키며 살기 위해 확신이 필요하다. 우리에게는 이미 승리한 여호수아의 경험이 있다. 여호수아에게 강하고 담대하라 권고하시며, 어디를 가든지 함께하시겠다고 약속하신 여호와 하나님이 여전히 우리와 함께하시겠다고 약속하셨다. 그분은 우리 안에 우리와 함께 충만히 계신다.

## 전쟁에서 승리하는 비결

여호수아가 약속의 땅 가나안을 차지한 승리의 비결은 "하나님이 함께하신다는 확신"에 따른 그의 철저한 순종이었다. 하나님이 여호수아를 부르시며, 승리에 대한 조건으로 순종을 요구하셨다.

> "이 율법 책을 네 입에서 떠나지 말게 하며 주야로 그것을 묵상하여 그 가운데 기록한대로 다 지켜 행하라 그리하면 네 길이 평탄하게 될 것이라. 네가 형통하리라"(수 1:8)

이는 주님의 부르심을 받은 자들 누구에게나 주어진 평탄과 형통의 조건이다. 해답은 하나님의 말씀인 성경이다. 성경 말씀대로 순종하면 가는 길이 평탄과 형통이다. 하나님이 함께하는 사람들은 영적 전쟁에서 승리하기 위해 성령의 검인 하나님의 말씀을 무기로 가져야 한다. 영적 전쟁에서 공격형 무기는 오직 말씀이다. 성령의 검을 철저히 내 것으로 하지 않으면 실전에서 사용할 수가 없다. 그러므로 말씀을 가까이함과 묵상이 필요하다. 예수께서도 공생애를 시작하며, 마귀의 시험을 받으셨을 때 하나님의 말씀으로 물리치셨다. 하나님의 말씀은 마귀를 대적하는 강력한 힘이다. 하나님의 말씀이 능력이 되기 위해서는 그 말씀대로 지켜 행하는 순종이 필요하다.

어제나 오늘이나 하나님의 나라가 임하기 위해서는 영적 전쟁은 피할 수 없다. 대적 마귀가 우는 사자와 같이 두루 다니며 삼킬 자를 찾고 있고 때문이다(벧전 5:8). "그러나 내가 하나님의 성령을 힘입어 귀신을 쫓아내는 것이면 하나님의 나라가 이미 너희에게 임하였느니라"(마 12:28)

사도 바울도 분명히 한다. 우리의 씨름은 사람에 대한 것이 아니요 이 어두움의 세상 주관자들과 하늘에 있는 악의 영들에게 대한 것이다(엡 6:12). 마귀와 대적하기 위해서는 하나님의 말씀으로 무장하고 하나님을 전적으로 의지해야 한다. "마귀의 간계를 능히 대적하기 위하여 하나님의 전신 갑주를 입으라"(엡 6:11)

우리는 강하고 담대하기 위해서 하나님의 말씀에 확신하는 가운데 굳게 서야 한다. 영적 전쟁에서 가장 중요한 요소는 먼저 하나님

편에 서는 일이다. 우리가 하나님 편에 설 때 하나님이 우리를 위해 대장이 되셔서 친히 싸우신다는 사실이다. 우리는 하나님만 의지하고 그분의 말씀만 순종하면 된다.

가나안을 정탐했던 12명 중 10명은 가나안 거주민의 장대함에 간담이 서늘해져 가나안을 취할 수 없다는 부정적인 생각을 내었고, 여호수아와 갈렙은 그들이 장대하고 성이 견고할지라도 하나님이 허락하시면 능히 취할 수 있다고 했다. 그 결과 하나님께서 함께하시고 인도하셨던 그 길을 온전히 믿지 못하고 울며 원망하는 자들은 가나안 탐지 40일의 하루를 1년으로 계산하여 광야에서 40년을 방황하며 약속의 땅에 들어가지 못하고 광야에서 소멸하였다. 가나안에 들어간 자는 애굽에서 나온 성인 중 오직 여호수아와 갈렙뿐이었다.

하나님의 함께하심의 약속을 확신하고, 마음을 강하게 하고 담대함을 가져라. 그것이 승리의 길이다. 곧 가나안 정복에서의 승리의 길은 군사력이나 지도자의 능력에 있지 않고 오직 하나님께 있다는 것을 보여 주고 있다.

주의 백성이 이루어가는 성화는 영적 전쟁의 과정이다. 우리 인간이 지닌 죄성은 세상의 풍조와 마귀의 유혹 앞에 노출되어 있다.

우리가 말씀 앞에 굳게 서 있지 않으면 우리 자신도 모르게 마귀의 편에 서 있게 될 것이다. 일례로 교회 안에서 분란이 일어나면, 서로가 마귀라고 하는데, 서로가 물고 뜯으면서 지면 마귀가 된다고 생각하기에 끝까지 양보하지 않고 싸운다.

예수님은 베드로를 향하여 "사탄아 내 뒤로 물러가라 네가 하나님의 일을 생각하지 않고 사람의 일을 생각하는도다"라고 책망하셨다. 예수님은 예루살렘에 들어가면 제사장들과 서기관들에 잡혀 죽임을 당하고 다시 살아나리라고 말씀하셨다. 이에 베드로는 단지 "그리하지 마십시오, 주께는 그런 일이 일어나지 않습니다"라고 말했을 뿐인데 책망을 받았다. 그는 그저 하나님의 뜻을 분간하지 못한 어리석음을 내보였지만, 도리어 마귀로 책망받은 것이다. 왜일까? 하나님의 뜻을 분별하지 못하고, 사람의 생각을 앞세웠기 때문이다.

영적 전쟁에서 중요한 것은 하나님 편에서 생각해야 한다는 점이다. 하나님은 내 편에 서 계시는데, 나는 사람의 일을 생각한다면 어찌 주님과 동행한다고 말할 수 있겠는가. 우리가 하나님 편에 온전히 서 있지 못하는 것은 육신의 연약함 때문이다. 그것은 사람의 일을 생각하기 때문이다. 마귀는 그 틈을 이용한다. 끝까지 믿음으로 인내하고 말씀 위에서 흔들리지 말아야 한다. 사도 바울은 권면

한다. 깨어 믿음에 굳게 서서 남자답게 강건하라(고전 16:13). 더불어 너희가 주안에서와 그 힘의 능력으로 강건하여지라고 했다(엡 6:10).

하나님께서 요단강을 건너 가나안 땅을 취하여야 하는 막중한 사명 앞에 있는 여호수아에게 왜 마음을 강하게 하고 담대히 하라는 말씀을 주셨는지 알 수 있다. 하나님이 함께하는 그 길에 우리가 끝까지 하나님 편에 서 있어야 하기 때문이다. 그러므로 하나님의 말씀을 주야로 묵상하며 그 모든 말씀을 지키고 주의 말씀에서 좌우로 치우치지 말아야 한다. 여호수아도 그의 마지막 권고는 율법 책에 기록된 것을 다 지켜 행하라 그것을 떠나 우로나 좌로나 치우치지 말라였다(수 23:6).

# 6
# 기드온과 함께하신 하나님
## -은혜

"큰 용사여 여호와께서 너와 함께 계시도다"(삿 6:12)

불평하되 용기 없는 자에게 허락하신 하나님의 은혜가 있다. 내가 반드시 너와 함께하리라(삿 6:16)는 약속의 말씀은 이스라엘 백성들을 고통에서 구원하시고자 하는 하나님의 열심과 신실하심인데, 이것이 은혜이다.

기드온은 숨어서 밀을 포도주 틀에서 타작하고 있었다. 본래 타작은 넓은 마당에서 해야 하는 데 숨어서 한 것은 미디안 사람들이 이를 알게 될 때 일어날 약탈이 두려웠기 때문이다. 그만큼 당시 이스라엘에는 미디안 사람들의 횡포와 약탈이 매우 심했기 때문에 사사기 기자는 이 상황을 메뚜기떼와 같이 들어왔다고 묘사했다. 이스라엘 사람들은 이를 피해 산에 구덩이를 파거나 동굴 등에 칩거하여 숨어 살아야 했다. 급기야 이스라엘은 하나님께 이 암담한 상황에서 구원해 달라고 부르짖었다. 이에 하나님이 들으시고 기드온을 찾아오셨다. 하나님은 먼저 기드온을 "큰 용사"라고 불러 도전하셨다. 하나님은 미디안 사람들이 두려워 숨어서 밀을 포도주 틀에서 타작하는 소심한 기드온의 생각을 깨드리기를 원하셨다. 기드온과 하나님 사이에 주고받는 대화가 매우 흥미롭다. 이를 우리말 성경으로 살펴보자.

기드온은 하나님께 "여호와께서 우리와 함께하신다면 왜 우리에게 이 모든 일이 일어나는 것입니까? '여호와께서 우리를 이집트에서 구출해 내지 않으셨느냐?'라고 우리 조상들이 우리에게 말했는데, 그분의 모든 기적은 어디에 있습니까? 지금 여호와께서 우리를 버리고 미디안 사람들의 손에 우리를 넘기셨습니다."(삿 6:13)라고 투정하듯이 물었다. 그의 물음에 하나님은 즉각 답변하셨다. "너는 기운을 내고 가서 미디안 사람의 손에서 이스라엘을 구원하여라. 내가 너를 보내는 것 아니냐?"(삿 6:14)

하나님이 사사로 그를 부르시자 기드온은 "내가 무엇으로 이스라엘을 구원합니까? 나의 집은 므나셋 지파에서 극히 약하고 나는 내 아비 집에서 제일 작은 자입니다."라고 응대했다. 그러자 하나님은 "내가 반드시 너와 함께하겠다."라고 하셨다.

기드온은 하나님이 우리와 함께하시는데 왜 우리에게 이런 일이 있느냐고 항변하지만, 하나님이 그들을 떠난 것이 아니고 그들이 하나님을 떠나 악을 행하였으므로, 하나님이 그들을 징계하셨다는 사실을 알아야 했다(삿 6:1).

말씀에서 확인한 것처럼, 기드온은 소심한 사람이었다. 게다가 부정적인 생각까지 지닌 젊은이였다. 하나님은 그의 이러한 생각들을 깨뜨리기를 원하셨다. 그래서 그를 큰 용사라고 부르시며, 네 힘으로 이스라엘을 구원하라 말씀하시고, 반드시 하나님이 함께해 주시겠다고 약속하셨다.

잠언에 보면, 그 마음의 생각이 어떠하면 그 위인도 그러한다고 했다(잠 23:7). 기드온은 자기를 도전하여 말씀하시는 이가 이스라엘을 구원하신 하나님이신 것을 의심하였다. 하나님이 친히 임재하여 말씀하셨지만, 그는 표징을 구했다. "나와 말씀하시는 이가 주되시는 표징을 내게 보이소서" 은혜를 베푸시기 위해 찾아오신 하나님은 기꺼이 주이심을 보여달라는 그의 요구대로 표적을 통하여 보여 주셨다. 국을 쏟아부은 반석 위에 놓은 고기와 떡을 반석에서 불이 나와 불살랐다. 그제야 기드온은 하나님의 임재를 깨닫고 두려워하였다.

기드온의 요구를 들어주신 하나님께서 기드온에게 명한 첫 번째 임무는 아버지 집에 있는 바알의 제단을 헐고, 아세라 신상을 찍어 없애고, 규례대로 하나님께 번제를 드리라는 것이었다. 이로써 하나님은 당시 이스라엘 백성들이 저질렀던 큰 악이 우상 숭배였음을 일깨워 주셨다.

그 이후에 기드온이 군사로 모집한 수많은 자 중 두려워 떠는 자들과 물가에서 개처럼 물을 핥는 자들을 돌려보내고, 남은 300명의 군사로 미디안과 아말렉의 연합군을 물리치도록 하셨다. 이는 사람의 힘으로 이룬 승리가 아니라 철저히 하나님이 일하셔서 거둔 승리였음을 보여 주었다. 왜냐하면 기드온의 군사가 가진 무기는 단지 횃불과 나팔 그리고 항아리뿐이었기 때문이었다. 수적으로도 말도 안 되는 열세에서 항아리를 깨뜨리고, 나팔을 불며, 횃불을 흔들었을 뿐인데 무수한 미디안 연합군이 서로가 엉켜 서로를 치며 도망하였기 때문이다. 하나님의 구원 역사는 이처럼 철저히 사람의 능력을 배제한다. 오직 하나님만 의지하게 하시려는 하나님의 뜻이다. 그러므로 구원 역사에서 하나님의 말씀에 대한 철저한 순종만이 승리를 보장한다.

오늘날도 많은 그리스도인이 낮은 자존감과 부정적인 생각으로 인해 하나님의 부르심에 응답하지 못하고, 기회를 잃어버리는 경우가 많다. 소심하여 나는 능력이 없다거나 자신을 도와줄 사회적 배경도 없다고 생각하여 열등감에 빠지기도 한다. 그리하여 아예 도전조차도 하지 못하고 미리 포기하거나 기드온처럼 하나님이 함께하시는데, 왜 우리 집이 이 모양이냐고, 하나님의 함께하심을 부정하기도 한다. 그래서 오늘날 젊은 세대를 3포 세대라 하지 않던가? 연애, 결혼, 출산 3가지를 포기한 세대라는 뜻이다. 만약 그리스도인 젊은이들 중에 자기가 여기 포함된다고 생각한다면 그 생각을 깨뜨려야 한다.

모든 일에 부정적이고, 자신감이 결여돼 소심하고 무엇을 하려고 해도 잘 결정하지 못하는 이들이여, 하나님의 임재를 체험하라. 먼저 자신 속에 잠재하여 있는 불신의 틀을 깨뜨리고 하나님께 나아와 그를 예배하라. 함께하시는 주의 음성을 들어라. 내가 여기 있나이다. 말씀하소서 듣겠나이다 하라.

하나님은 언제나 주의 이름을 부르고 구하는 자들의 하나님이 되셔서 승리를 가져다주신다. 또한 하나님은 사람의 신분이나 학벌이나 외모를 보지 않으시고 중심을 보신다. 그러므로 당신이 어떠한 사람이든지 하나님이 함께하시면 기드온과 같은 용사이다. 왜냐하면 하나님은 그의 얼굴을 네게 비추사 은혜 베푸시기를 원하시는 분이시기 때문이다(민 6:25).

# 7
# 다윗과 함께하신 하나님
## -의지함

"내가 사망의 음침한 골짜기로 다닐지라도 해를 두려워하지 않을 것은 주께서 나와 함께 하심이라 주의 지팡이와 막대기가 나를 안위하시나이다"(시 23:4)

다윗의 시편들은 그의 삶을 반영한다. 시편 23편도 자신의 목동 생활 속에서 목자와 양의 관계를 생각했을 것이다. "주님은 목자이십니다. 나는 목자만 따르는 연약한 양입니다. 목자이신 당신을 따를 때는 내게 부족함이 없었습니다."

시편 23편 4절을 우리의 주제에 따라 깊이 들여다보자. "사망의 음침한 골짜기를 다닐지라도" 그는 왜 갑자기 사망의 골짜기를 생각했을까? 그는 알고 있었다. 유대 광야의 그 깊은 사망의 골짜기를……. 다윗은 사울 왕에게 쫓겨 깊은 골짜기와 그 깊이를 알 수 없었던 어두운 동굴을 헤매며, 오직 살아야겠다는 일념으로 도망자 생활을 해야만 했다. 그 10년은 환경도 사망의 골짜기였고, 그가 처한 형편도 죽음의 그림자가 어른거리는 음침한 골짜기였다. 돌아보면, 적의 대장 골리앗을 물맷돌 한 번으로 쓰러뜨려 전쟁을 승리로 이끌어 수많은 군중 사이에 영웅이 된 다윗이 교만하지 않도록 하나님께서 그를 광야로 내모셨던 것은 아니었을까? 그러나 성경은 분명히 하나님께서 다윗과 함께 계셨다고 기록하고 있다(삼상 18:12, 14).

한때, 사울도 하나님께서 다윗과 함께 계심을 알고 더욱 다윗을 두려워한 적이 있었다(삼상 18:28-29). 그는 자신에게서 하나님이 떠나자 사람인 다윗을 두려워하여 평생 대적으로 삼았다(삼상 18:12, 29). 우리는 알아야 한다. 하나님이 우리 곁을 떠나면 사람이 무서워진다. 사람이 두려워지면, 그 두려움에 인간성이 망가지거나 두려움을 감추기 위해 마치 동물들이 자기 방어 기재를 사용하는 것처럼 허세를 부리게 된다. 사울이 그랬다. 물론 하나님이 함께하신다고 해서 두려움이 사라지는 것은 아니다. 누구나 두려움 앞에 서지만 그 차이는 두려움 앞에서 담대하여 정신을 차리느냐 아니면 혼미하느냐이다.

한 마리 양이 길을 잃어 깊은 골짜기에 빠졌을 때, 목자가 찾아와 두려워하는 양에게 손을 내밀어 잡아 줄 때 그 양은 얼마나 안도하며 평안을 느끼겠는가? 다윗 자신이 바로 그 골짜기에 빠진 양과 같은 처지였다. 자신을 찾아 사방을 수색하는 사울 왕과 그의 병사들을 피해 숨어들었던 그 골짜기에서 위기의 순간마다 그를 가려 주시고 위로하시는 이는 주님이셨다. 다윗은 바로 그 광야에서 주님이 마치 잃어버린 양을 찾아 보호해주시는 목자처럼 자신에게 다가와 손을 내밀어 잡아주시는 주님을 온몸으로 느꼈다.

"이 사망의 골짜기를 지날지라도 해를 두려워하지 않습니다. 당신께서(원어적 표현) 나와 함께 하시기 때문입니다. 당신의 그 지팡이는 막대기가 되어 나를 때리셨으나, 그것이 도리어 나의 길을 인도하시는 평안과 위로가 되었습니다."

다시 두려움과 관련하여 다윗의 시편 56편으로 가 보자.
"내가 두려워하는 날에는 내가 주를 의지하리이다"(시 56:3)

이 시편의 표제어가 <다윗이 가드에서 블레셋인에게 잡힌 때에>로 되어 있는 것으로 보아 사무엘상 21:10-15의 상황을 가리킨다고 하겠다. 다윗은 사울을 두려워하여 가드 왕 아기스에게로 갔다고 했다. 얼마나 급박하면 원수인 블레셋의 땅으로 도망하였겠는가. 그런데 문제는 다윗의 얼굴이 이미 알려져 아기스 왕의 신하들이 알아보았다. 그는 너무 두려운 나머지 그들 앞에서 미친 자의 행동을 하였다.

시편 56편의 시작은 이렇게 시작된다. "하나님이여 나를 긍휼히 여기소서…" 블레셋 왕 아기스 앞에서 자신의 정체가 드러난 순간, 절체절명의 위기 앞에서 다윗이 속으로 내뱉었던 첫마디가 바로 이 말이었을 것이다. 다윗은 이런 죽음의 경험에서 벗어난 후, "내가 하나님을 의지하였은즉 두려워하지 아니하리니 혈육을 가진 사람이 내게 어찌하리이까"(시 56:4, 11), 주께서 내 생명을 사망에서 건지셨음이라고 고백하였다(시 56:13).

이런 위기를 극복한 다윗은 하나님이 함께하신다는 자신감으로, 자신을 죽이기 위해 추격하는 사울 왕을 두 번이나 죽일 기회를 포기하게 된다. 한번은 엔게디 광야 동굴(삼상 24장)에서, 그리고 십 광야에서 진을 치고 숙영하는 곳(삼상 26장)에서이다. 그는 사울을 죽일 수 있는 위치에 근접하였다는 사실을 알리는 것으로 사울 왕의 악한 도모를 끊어 버리기를 원했다.

자신을 죽이려는 원수를 목전에서 해하지 아니하고 기꺼이 생명을 보전하여 주는, 이런 의로움의 자신감은 어디에서 나오는가? 바로 하나님이 함께하신다는 확신에서 비롯된다. 하나님이 함께하셔서 자신의 일거수일투족 다 지켜보고 계신다는 사실을 아는 자는 하나님의 의를 드러내지 않을 수 없다.

다윗은 사울 왕에게 말했다. "여호와께서 오늘 왕을 내 손에 넘기셨으되 나는 손을 들어 여호와의 기름 부음을 받은 자 치기를 원하지 아니하였음이니이다"(삼상 26:23) 마침내 사울 왕은 그를 축복하기에 이른다. "내 아들 다윗아 네게 복이 있을지로다 네가 큰 일을 행하겠고 반드시 승리를 얻으리라"(삼상 26:25)

다윗은 이런 경험을 시로 노래했다. "주께서 내 원수의 목전에서 내게 상을 차려 주시고 기름을 내 머리에 부으셨으니 내 잔이 넘치나이다"(시 23:5)

## 부족함을 깨닫는 자

그가 왕이 되었을 때 얼마나 하나님과 친밀하게 함께하고 있었는가를 전장에서 다윗의 태도에서도 알 수 있다. 블레셋은 대규모의 군사를 모아 예루살렘 가까이 르바임 골짜기에 진을 쳤다. 이에 대항하는 다윗은 하나님께 물었다(대상 14:10). "내가 블레셋 사람에게로 올라갈까요? 하나님께서 저들을 내 손에 붙이시겠습니까?" 하나님은 "올라가라, 내가 분명히 블레셋 사람을 네 손에 붙이리라"고 답하셨다. 또다시 블레셋이 쳐들어왔을 때, 다윗은 동일하게 하나님의 뜻을 물었고, 하나님은 이번에는 "아니야, 이번에는 올라가지 말고 뒤편 숲에서 기습하라"고 구체적으로 전략을 말씀하셨다.

다윗은 함께하시는 하나님을 의지하여, 옆에 있는 친구처럼 대화하며 조언을 구했다. 하나님은 일일이 구체적으로 답해주셔서 연이은 대승을 거두게 하셨다. 전쟁터, 르바임 골짜기는 서로 죽고 죽이는 피 튀기는 사망의 음침한 골짜기가 아닐 수 없었다. 이러한 경험들이 모여, 다윗은 다음과 같은 고백을 하게 되었다. "사망의 음침한 골짜기를 지날지라도 내가 해를 두려워하지 않을 것은 주께서 나와 함께하심이라" 그가 처음부터 두렵지 않았다는 말이 아니다. 그러나 많은 두려운 시간을 지나고 보니, 이제야 나는 두렵지 않다. 하나님이 나와 함께하셔서 생명을 지켜주시는데 왜 두려워하겠는가이다.

"여호와는 내 편이시라 내가 두려워하지 아니하리니 사람이 내게 어찌할까"(시 118:6)

사망의 음침한 골짜기는 우리 인생의 어떤 극한 환경을 의미한다. 사도 바울도 자신이 경험했던 그 죽음의 바로 앞까지 갔던 처지를 말한다.

"형제들아 우리가 아시아에서 당한 환난을 너희가 모르기를 원하지 아니하노니 힘에 겹도록 심한 고난을 당하여 살 소망까지 끊어지고 우리는 우리 자신이 사형 선고를 받은 줄 알았으니…"(고후 1:8-9)

"여러 날 동안 해도 별도 보이지 아니하고 큰 풍랑이 그대로 있으매 구원의 여망마저 없어졌더라"(행 27:20)

사도 바울도 고백했거니와 그 자신도 죽음 앞에서 오직 주님만 바라보고 의지했다. 우리 삶에서도 죽음의 골짜기를 지나는 것은 피할 수 없지만 함께하시는 하나님을 의지하므로 두려움을 피할 수 있다. 그러므로 다윗은 수많은 죽음을 넘나드는 전장에서 이렇게 담대히 말할 수 있었다.

"내가 주를 의뢰하고 적군을 향해 달리며 내 하나님을 의지하고 담을 뛰어넘나이다"(시 18:29)

## 하나님의 침묵

그러나 하나님이 항상 다윗에게 함께하심을 나타내시는 것은 아니었다. 시편에서 다윗은 침묵하시는 하나님을 경험하고 있다. "여호와여 어느 때까지니이까 나를 영원히 잊으시나이까 주의 얼굴을 나에게서 어느 때까지 숨기시겠나이까"(시 13:1) "여호와여 어찌하여 멀리 서시며 어찌하여 환난 때에 숨으시나이까"(시 10:1)

침묵하시는 하나님을 기다린다는 것은 엄청난 믿음의 인내를 필요로 한다. 그러기에 아삽은 그 깊은 속마음을 이렇게 표현하였다. "주께서 영원히 버리실까, 다시는 은혜를 베풀지 아니하실까, 그의 인자하심은 영원히 끝났는가, 그의 약속하심도 영구히 폐하였는가, 하나님이 그가 베푸실 은혜를 잊으셨는가, 노하심으로 그가 베푸실 긍휼을 그치셨는가 하였나이다"(시 77:7-9)

고라 자손들의 시편도 우리에게 하나님의 침묵을 이야기한다. "우리가 종일 주를 위하여 죽임을 당하게 되며 도살할 양 같이 여김을 받았나이다 주여 깨소서 어찌하여 주무시나이까 일어나시고 우리를 영원히 버리지 마소서 어찌하여 주의 얼굴을 가리시고 우리의 고난과 압제를 잊으시나이까"(시 44:22-24)

하박국 선지자도 하나님의 침묵에 견딜 수 없어 부르짖었다.
"여호와여 내가 부르짖어도 주께서 듣지 아니하시니 어느 때까지리이까 내가 강포로 말미암아 외쳐도 주께서 구원하지 아니하시나이다"(합 1:2) 그러나 알아야 할 것은 하나님의 침묵하심이 종종 하나님이 일하시는 방법이라는 사실이다.

"물이 바다를 덮음 같이 여호와의 영광을 인정하는 것이 세상에 가득함이니라"(합 2:14) 말씀에서 볼 수 있듯이 엄청난 재앙 가운데서 하나님이 침묵하시므로 더 많은 말씀을 하고 계신다. 하나님은 누가 세상의 주인이냐고 물으신다.

## 하나님에 대한 다윗의 발견

"여호와여 위대하심과 권능과 영광과 승리와 위엄이 다 주께 속하였사오니 천지에 있는 것이 다 주의 것이로소이다 여호와여 주권도 주께 속하였사오니 주는 높으사 만물의 머리이심이니이다 부와 귀가 주께로 말미암고 또 주는 만물의 주재가 되사 손에 권세와 능력이 있사오니 모든 사람을 크게 하심과 강하게 하심이 주의 손에 있나이다"(대상 29:11-12).

다윗은 삶의 여정에서 끊임없는 하나님의 연단으로 하나님의 주권을 인정하는 믿음의 사람, 하나님의 마음에 합한 사람이 되었다.

우리를 두렵게 하는 세력, 권력, 물질, 육체적인 힘, 그런 것들이 두려운 것이 아니다. 예수님은 몸은 죽여도 영혼은 능히 죽이지 못하는 자들을 두려워하지 말고 오직 몸과 영혼을 능히 지옥에 멸하실 수 있는 이를 두려워하라(마 10:28)고 하셨다. 우리의 죄악을 심판하시고 영혼을 죽이시는 하나님이 진정 두려운 분이심을 깨달을 때, 하나님은 은혜를 베푸시기 위해 자신을 드러내신다. 이를 다윗은 노래하여 "주를 두려워하는 자를 위하여 쌓아 두신 은혜 곧 주께 피하는 자를 위하여 인생 앞에 베푸신 은혜가 어찌 그리 큰지요"(시 31:19)라고 하였다.

어떤 위치와 상황 속에서도 주님을 사랑하라! 예수께서는 이렇게 말씀하셨다. "나를 사랑하는 자는 내 아버지께 사랑을 받을 것이요 나도 그를 사랑하여 그에게 나를 나타내리라"(요 14:21)

우리가 주님의 임재를 느끼지 못할 그때도 여전히 주님은 우리와 함께하고 계심을 잊지 말자. 하나님이 자신을 숨기시고 침묵하실 때 우리는 더욱 그분 앞에 겸손히 자신을 낮추고 주님을 경외하여야 한다. "여호와를 경외하는 자에게는 견고한 의뢰가 있나니 그 자녀들에게 피난처가 있으리라"(잠 14:26) 하나님이 침묵하실 때는 약속을 믿고 조용히 기다리는 인내의 시간이다. 주님은 말씀하셨다. "… 내가 결코 너희를 버리지 아니하고 너희를 떠나지 아니하리라 하셨느니라"(히 13:5)

하나님의 침묵 시간은 내 믿음이 하나님 말씀의 용광로에 들어가는 시간이다. 용광로에 들어가 불순한 나의 모든 찌꺼기가 녹아내리고 순수한 정금 같은 믿음만이 남겨져야 하는 시간이다. 그러므로 하나님의 침묵 시간에 잠잠히 하나님을 바라고 하나님께 영광을 돌려라. 우리는 욥의 고난을 알고 그가 엄청난 고통 가운데 고백하는 말을 듣는다. "주신 이도 여호와시요 거두신 이도 여호와시오니 여호와의 이름이 찬송을 받으실지니이다"(욥 1:21)

함께하시는 하나님은 우리를 위하시는 분이시다. 얼굴을 숨기심도 침묵하심도 우리를 위하심이다. 주의 음성이 우리 귀에 들리지 않아도, 주의 영광이 우리 눈에 보이지 않아도 오늘날 하나님이 우리를 위해 주신 성경 말씀 가운데 사는 법을 배워야 한다.

"너희가 악할지라도 좋은 것을 자식에게 줄 줄 알거든 하물며 너희 하늘 아버지께서 구하는 자에게 성령을 주시지 않겠느냐 하시니라"(눅 11:13)

성령은 우리에게 하나님이 함께하심을 드러내 보여 주시는 분이다. "오직 여호와는 그 성전에 계시니 온 땅은 그 앞에서 잠잠할지니라"(합 2:20)

# 8
# 이스라엘 백성과 함께하신 하나님
## –언약

"두려워하지 말라 내가 너와 함께 함이라 놀라지 말라 나는 네 하나님이 됨이라 내가 너를 굳세게 하리라 참으로 너를 도와주리라 참으로 나의 의로운 오른손으로 너를 붙들리라"(사 41:10)

하나님은 이스라엘이 하나님의 징계로 인하여 앞으로 당할 엄청난 환난을 예고하시면서도 그들을 긍휼히 여기시고, 아브라함과의 약속을 기억하셔서서 그들과 함께하시겠다고 선지자의 입을 통하여 약속해 주셨다.

하나님은 '함께 하심'의 약속을 말씀하실 때, 이스라엘 백성들을 이렇게 불렀다. "나의 종 너 이스라엘아 내가 택한 야곱아 나의 벗 아브라함의 자손아"(사 41:8)

더불어 이렇게도 불러 말씀하셨다. "버러지 같은 너 야곱아, 너희 이스라엘 사람들아 두려워하지 말라 나 여호와가 말하노니 내가 너를 도울 것이라 네 구속자는 이스라엘의 거룩한 이이니라"(사 41:14)

하나님은 일찍이 이스라엘을 택한 백성이라 부르셨다. 그렇지만 한편으로 "너희가 누구냐?"고 되물으신다. 그들이 무슨 대단한 것이 있는 백성인가? 무슨 특별한 것이 있는 존재들인가? 아니다. "버러지 같은 야곱아!" 이 말씀 하나로 그들은 연약한 존재, 보잘것없는 존재에 지나지 않는다고 말씀하신다. 그래서 하나님 앞에서의 너희들의 본 모습을 보라고 촉구하신다. 그러나 하나님은 벗이라 부르신 아브라함을 생각하셨다. 그를 부르셔서 너를 축복하여 너희 자손을 하늘에 별과 같이 바닷가의 모래알같이 번성케 해주시겠다고 친히 약속하신 언약을 기억하셨다(창 22:17).

그때 하나님은 스스로 내가 나를 가리켜 맹세한다고 하셨다(창 22:16). 히브리서에서는 하나님이 아브라함에게 약속하실 때에 가리켜 맹세할 자가 자기보다 더 큰 이가 없으므로 자기를 가리켜 맹세하셨다고 증언한다(히 6:13). 하나님은 결코 거짓말하시는 이가 아니시므로 하나님의 '함께하심'의 약속은 여전히 유효하다.

히스기야 왕은 이 함께하심을 믿고 담대히 앗수르의 거대한 군사력에 맞섰다. 북이스라엘을 멸망시키고 파죽지세로 쳐들어오는 앗수르 왕 산헤립은 이스라엘의 하나님을 비방하고 그 하나님을 의지하는 히스기야와 이스라엘 백성들을 비웃었다. 그때 히스기야는 백성들을 모으고 이렇게 말했다.

"너희는 마음을 강하게 하며 담대히 하고 앗수르 왕과 그를 따르는 온 무리로 말미암아 두려워하지 말며 놀라지 말라 <우리와 함께하시는 이>가 그와 함께 하는 자보다 크니 그와 함께 하는 자는 육신의 팔이요 <우리와 함께하시는 이>는 우리의 하나님 여호와시라 반드시 우리를 도우시고 우리를 대신하여 싸우시리라"(대하 32:7-8)

항상 이스라엘 백성들에게 "두려워 말라"는 강한 권고의 말씀과 함께 따르는 말은 '하나님의 함께하심'이다(창 26:24, 민 14:9, 신 7:21; 20:1; 31:6; 31:8, 사 41:10; 43:5, 렘 1:8; 42:11; 46:28). 하나님의 함께하심은 이스라엘의 능력이다. 방패요, 산성이시며, 구원이시다. 궁극적으로 위험, 환난 앞에서 큰 위로가 아닐 수 없다. 이는 하나님이 아브라함과 그 후손들에게 약속하신 결과이다. 이를 우리는 '언약'이라고 부른다. 그 언약은 영원한 약속이며, 여호와께서 저들의 영원한 하나님 되심을 나타냄이다.

여기서 믿는 자, 우리가 곧 아브라함의 후손이자 이스라엘임을 잊지 말자. 사도 바울은 우리가 그리스도를 믿음으로 하나님이 약속하신 아브라함의 자손이 되었다고 말한다. 그는 "믿음으로 말미암은 자들은 아브라함의 자손인 줄 알지어다"(갈 3:7)라고 했고, "너희가 그리스도의 것이면 곧 아브라함의 자손이요 약속대로 유업을 이을 자니라"(갈 3:29)고 했다. 물론 아브라함의 후손이라고 떠벌리고 다닌다고 해서 다 상속자가 되는 것도 아니다. 이는 믿음의 문제이다. 겉모양의 유대인이 유대인이 아니고, 할례도 겉모양의 육신의 할례가 중요한 것이 아니고, 내적인 유대인이 참 유대인이며 할례는 마음에 해야 하기 때문이다(롬 2:28-29).

일찍이 세례 요한이 광야에서 외치지 않았던가! "속으로 아브라함이 우리 조상이라고 생각하지 말라 내가 너희에게 이르노니 하나님이 능히 이 돌들로도 아브라함의 자손이 되게 하시리라"(마 3:9)

믿음으로 아브라함의 후손이 된 우리는 하나님과 언약 관계에 있다. 그 언약으로 가장 큰 특권은 하나님의 함께하심이다. 왜 '하나님의 함께하심'이 복인가. 믿음으로 말미암는 자들은 믿음에 있는 아브라함과 함께 복을 받기 때문이다(갈 3:9). 전능하신 하나님이 우리와 함께하신다는 이 약속보다 더 귀하고 확실한 약속은 없다. 우리의 인생은 내일 일을 보장하지 못한다. 그리하여 많은 사람이 생명 보험이나 손해 보험 등으로 자신들의 내일 일을 보장하려 한다. 그렇다면 하나님의 능력의 손이 함께하시는 확실한 보장을 왜 외면하는지 물어야 한다. 왜 하나님의 함께하심을 실감하지 못하고 믿지 못하는가?

누구는 그것이 손에 잡히지 않고 보이지 않기 때문이라 말한다. 의심하는 자여! 방송 전파는 보이지 않고 만질 수도 없지만, 수신기를 통하여 전파를 잡고 방송도 청취할 수 있다. 하나님은 영이시다. 영적인 눈을 뜨고 보기를 바란다. 영적 주파수가 맞추어지면 하나님의 임재를 체험할 수 있다. 왜냐하면 이스라엘과 함께하시겠다 약속하신 이는 천지를 창조하신 자로서 크시고, 온 세상에 충만하시기 때문이다.

이스라엘 백성들은 시내 산에서 모세가 보이지 않자 두려워서 아론에게 자기들을 안전케 인도해줄 신을 만들어 달라고 요구했다. 그리하여 만들어진 것이 금송아지이다. 그 결과 그들에게 내려진 것은 징계였고, 하나님이 그들과 함께 가시지 않겠다는 말씀을 들어야만 했다.

하나님과 함께하기 위해서는 하나님과의 동행이 필요하다. 하나님이 함께하시겠다고 약속을 했지만, 이스라엘은 번번이 하나님의 뜻과는 다른 길을 걷거나 다른 신을 의지하고자 했다. 그것은 동행이 아니다. 같은 방향으로 함께 가기가 동행이다. 같은 뜻을 가지고 같은 방향, 같은 목적을 쳐다보며 걸어갈 때 우리는 그것을 '동행'이라 부른다.

예수님이 부활하셔서 엠마오로 내려가는 두 제자와 가까이 길을 동행하며 대화하였으나, 그들은 예수님을 알아보지 못했다. 예수님은 그들에게 "미련하고 선지자들이 말한 모든 것을 마음에 더디 믿는 자들이여"(눅 24:25)라고 하셨다. 후에 자신들과 동행했던 분이 예수신 줄 알아보고 그들은 말했다.

"길에서 우리에게 말씀하시고 우리에게 성경을 풀어 주실 때에 우리 속에서 마음이 뜨겁지 아니하더냐"(눅 24:32)

그렇다. 성경은 선지자들과 사도들이 성령의 감동으로 하나님께 받아 말한 것이다(벧후 1:21). 그러므로 성경이 하나님의 말씀인 것을 먼저 받아들여라. 그래야 영적인 눈을 뜨게 된다. 그리고 말씀에 순종하고자 하는 의지가 있으면, 하나님이 함께하심을 깨닫게 될 것이다. 하나님과 동행하기를 원한다면 기도하기, 말씀 묵상하기, 그의 뜻 바라보기를 통해 영적인 눈을 떠서 하나님이 함께하시는 임재를 누리게 될 것이다.

"여호와여 내가 알거니와 사람의 길이 자신에게 있지 아니하니 걸음을 지도함이 걷는 자에게 있지 아니하니이다"(렘 10:23)

그들이 너를 칠지라도 이기지 못할 것은
내가 너와 함께 하여 너를 구하여 건짐이라

# 9
# 눈물의 선지자 예레미야와 함께하신 하나님
## -소명

"보라 내가 오늘 너를 그 온 땅과 유다 왕들과 그 지도자들과 그 제사장들과 그 땅 백성 앞에 견고한 성읍, 쇠기둥, 놋성벽이 되게 하였은즉 그들이 너를 치나 너를 이기지 못하리니 이는 내가 너와 함께 하여 너를 구원할 것임이니라"(렘 1:18-19)

예레미야를 부르신 하나님은 '함께하심을' 약속하셨다(렘 1:8). 그러나 그 함께하심의 약속은 그를 어떤 형통함으로 이끄시겠다는 약속도 아니요, 그를 통해 하나님의 영광이 드러나는 어떤 큰 이적을 행하시겠다는 약속도 아니었다. 예레미야에게 약속하신 함께하심은 앞으로 당할 여러 환난을 견디고 이길 쇠기둥 같은 강함을 주겠다는 뜻이었다.

소명 곧 하나님의 부르심은 사람마다 서로 다를 수 있다. 하나님은 예레미야에게 이스라엘에 대한 하나님의 심판 메시지를 전하게 하셨다. 그는 바벨론에 의하여 멸망 당할 것을 전함으로써 매국노라는 소리를 들어야 했고, 매를 맞거나 구덩이에 던져져 갇히는 일을 당하기도 하였다(애 3:53-54). 그가 당한 수모와 고난은 '하나님의 함께하심' 속에서 당한 일이었다. 무엇보다 이스라엘이 당해야 할 하나님의 진노의 심판을 가장 먼저 자신이 경험해야만 했다(애 3:1).

"가죽을 쇠하게 하시며 나의 뼈들을 꺾으셨고 고통과 수고를 쌓아 나를 에우셨으며 나를 어둠 속에 살게 하시기를 죽은 지 오랜 자 같게 하셨도다"(애 3:4-6)

그의 소명은 이스라엘에 진노하신 하나님의 매를 몸으로 먼저 맞으며 하나님의 말씀을 전해야 하는 메신저였다. 하나님이 그와 함께하셔서 그에게 베푸신 은혜는 모든 고난을 이기고 사명을 감당하도록 내적 강함을 주시는 은혜였다.

"내가 너로 이 백성 앞에 견고한 놋 성벽이 되게 하리니 그들이 너를 칠지라도 이기지 못할 것은 내가 너와 함께 하여 너를 구하여 건짐이라"(렘 15:20)

그런데 그는 발이 막혔다. 입이 막혔다. 그는 사방이 막힌 시위대 뜰에 갇혔다. 주변 상황은 급박하게 돌아가고 있었다. 바벨론이 예루살렘 성을 포위하고 있었다. 언제 예루살렘 성이 함락될지 모를 위급한 상황이었다. 예레미야는 절망 속에서 자신이 해야 할 일을 잊었다. 지금까지 이 상황을 대비하여 그가 외친 메시지는 아무런 소용이 없는 것 같아 손을 놓고 있었다. 그는 하나님이 외치라 하신 말씀을 백성들로부터 구박과 핍박을 받아가면서도 정말 열심히 외쳤다. 그런 그가 갇혔다는 것은 발과 입이 막힌 것을 의미한다. 이 현실에서 그가 무엇을 할 수 있겠는가. 그래서 그는 무기력하게 갇혀 있었다. 그는 잊고 있었던 것 같다. 하나님이 함께하시겠다는 말씀의 뜻을 잊어버리고 낙심 가운데 있었다. 그런 예레미야에게 하나님의 말씀이 임하였다.

"일을 행하시는 여호와, 그것을 만들며 성취하시는 여호와, 그의 이름을 여호와라 하는 이가 이와 같이 이르시도다 너는 내게 부르짖으라 내가 네게 응답하겠고 네가 알지 못하는 크고 은밀한 일을 네게 보이리라"(렘 33:2-3)

하나님은 이스라엘 백성들을 징계하여 심판하시겠지만 더불어 후에 용서하시고 회복시키시겠다는 소망의 약속을 주셨다.

"이 성읍이 세계 열방 앞에서 나의 기쁜 이름이 될 것이며 찬송과 영광이 될 것이요 그들은 내가 이 백성에게 베푼 모든 복을 들을 것이요 내가 이 성읍에 베푼 모든 복과 모든 평안으로 말미암아 두려워하며 떨리라"(렘 33:9)

모든 것이 끝났다고 생각할 때, 하나님은 시작이라고 말씀하신다. 왜냐하면 하나님이 함께하시기 때문이며 하나님의 언약은 영원한 약속이기 때문이다. "야곱아 내가 부른 이스라엘아 내게 들으라 나는 그니 나는 처음이요 또 나는 마지막이라 과연 내 손이 땅의 기초를 정하였고 내 오른손이 하늘을 폈나니 내가 그들을 부르면 그것들이 일제히 서느니라"(사 48:12-13)

이것이 하나님께서 함께하시는 자들이 어떠한 형편에서든지 절망할 필요가 없는 이유이다. 이제 이것이 끝인가 하는 도저히 회복 불가능한 상황 속에서도 하나님은 우리를 지으신 이요, 이루시는 이라 말씀하신다. 하나님이 우리에게 요구하시는 것은 부르짖음이다. 그것은 회개요, 하나님께로 돌아가자는 외침이요, 하나님께 구원의 손길을 내미는, 오직 하나님만이 구원자이심을 고백하는 탄식이다.

예레미야는 하나님이 이미 말씀하신 뜻을 따라 외칠 뿐만 아니라, 부르짖어야 했었다. 하나님은 말씀하셨다. "너희는 예루살렘 거리로 빨리 다니며 그 넓은 거리에서 찾아보고 알라 너희가 만일 정의를 행하며 진리를 구하는 자를 한 사람이라도 찾으면 내가 이 성읍을 용서하리라"(렘 5:1)

궁극적으로 세상을 용서받게 하시는 그 한 사람은 중보자이신 예수 그리스도이시다. 예레미야는 그 시대에 그 한 사람의 예표가 되어야 했다. 그리하여 소돔과 고모라의 긍휼을 구하던 아브라함처럼 예루살렘에 공의를 행하며 진리를 구하는 그 한 사람이 되어 예루살렘을 위하여 부르짖는 사람이 되어야 했다.

하나님께서 얼마나 안타까우셨으면 "너는 내게 부르짖으라"고 하셨겠는가? 하나님이 함께하시는 사람은 외칠 뿐만 아니라 부르짖는 사람도 되어야 한다. 하나님이 함께하시기 때문에 하나님의 뜻을 외치기만 하면 우리의 소임을 다한 거라고 생각하면 안 된다. 어떤 면에서 예레미야가 그랬고 요나가 그랬다. 하나님이 함께하시는 사람은 하나님의 나라 백성을 위해서 부르짖어야 한다. 백성의 죄악을 자신의 죄처럼 여기고 기도하며 부르짖었던 모세나 다니엘처럼 부르짖는 기도의 자세를 잊지 말아야 한다. 이것이 하나님이 함께하심으로 놋 성벽 같은 믿음을 가진 자들이 갖추어야 할 자세이다.

하나님이 함께하셔도 고난은 사명자의 몫이다. 그 고난을 통하여 하나님은 그 토양에 씨앗을 뿌리시는 것이다.

"내가 진실로 진실로 너희에게 이르노니 한 알의 밀이 땅에 떨어져 죽지 아니하면 한 알 그대로 있고 죽으면 많은 열매를 맺느니라"(요 12:24)

## 약한 데서 온전해지는 주의 능력

예레미야의 연약함은 어떤 의미에서 사도 바울의 연약함과 비견된다. 바울도 주님이 함께하셔서 강하게 하셨다. 주님은 바울의 곁에서 고난을 막아주신 것이 아니라 고난을 이기게 하셨다. 인내를 가지고 하나님이 맡기신 일을 행하게 하시기 위하여 내적인 강함이 필요했기 때문이다. 그는 감옥 안에서 이 말씀을 기록하며 지난날을 돌아보고 그 수많은 고난의 어려운 길을 지나 여기까지 온 것은 주님께서 동행해 주셨기 때문이라고 고백한다.

"주께서 내 곁에 서서 나에게 힘을 주심은 나로 말미암아 선포된 말씀이 온전히 전파되어 모든 이방인이 듣게 하려 하심이니 내가 사자의 입에서 건짐을 받았느니라"(딤후 4:17)

자녀가 성장해서 홀로 서도록 하기 위해서는 자녀에게 고기를 잡아주는 것이 아니라 고기 잡는 법을 가르쳐 준다고 하듯이 하나님은 사명을 주어 부른 자들에게 고난을 통하여 내적인 강함을 키워 주신다. 사도 바울은 주와 동행하는 사역 기간 내내 당한 어려움과 고난을 이렇게 정리하였다.

"… 내가 수고를 넘치도록 하고 옥에 갇히기도 더 많이 하고 매도 수없이 맞고 여러 번 죽을 뻔하였으니 … 여러 번 여행하면서 강의 위험과 강도의 위험과 동족의 위험과 이방인의 위험과 시내의 위험과 광야의 위험과 바다의 위험과 거짓 형제 중의 위험을 당하고 또 수고하며 애쓰고 여러 번 자지 못하고 주리며 목마르고 여러 번 굶고 춥고 헐벗었노라"(고후 11:23-27)

가서 모든 족속으로 제자 삼으라 말씀하시고, 세상 끝날까지 항상 함께 있으리라 하신 주님은 왜 사도 바울의 위험과 어려움을 돌아보지 않으셨나 하는 질문을 받게 된다. 사도 바울은 친히 이에 대한 대답을 주었다.

"내가 그리스도를 위하여 약한 것들과 능욕과 궁핍과 박해와 곤고를 기뻐하노니 이는 내가 약한 그 때에 강함이라"(고후 12:10)

주는 나를 돕는 이시니
내가 무서워하지 아니하겠노라 사람이 내게 어찌하리요

# 10
# 에스라와 함께하신 하나님
## -하나님의 선하신 손

선한 능력에 우리는 너무 잘 보호 받고 있으며
믿음으로 일어난 일들을 기대하고 있습니다.
하나님께서 밤이나 낮이나 우리 곁에 계십니다.
또한 매일의 새로운 날에 함께하십니다.
(본 회퍼의 '선한 능력으로' 중에서)

성경은 에스라에 대하여 증거하여 "모세의 율법에 익숙한 학자로서 그의 하나님 여호와의 도우심을 입음으로 왕에게 구하는 것은 다 받는 자이더니"(스 7:6)라고 했다. 그는 사람들에게 신뢰받는 자였다. 더욱이 얼마나 신임을 받았는지 페르시아 왕에게 요청한 것은 다 받았다고 증언하고 있다. 이는 하나님이 함께하셨다는 것 외에 다른 것으로는 설명되지 않는다. 왜냐하면 왕이 에스라가 예루살렘으로 귀환하는 길에 하나님 곧 이스라엘의 하나님을 인정하고 드릴 예물과 예루살렘 성전에서 쓸 기명들을 기꺼이 되돌려 주었기 때문이다.

에스라 스스로도 입으로 증거하여 "하나님의 선한 손의 도우심을 입어 다섯째 달 초하루에 예루살렘에 이르니라"(스 7:9)고 했고, "내 하나님 여호와의 손이 내 위에 있으므로 내가 힘을 얻어 이스라엘 중에 우두머리들을 모아 나와 함께 올라오게 하였노라"고 고백했다(스 7:28).

그는 귀환 시 페르시아의 아닥사스다 왕의 조서를 받아 예루살렘으로 올라갈 마음이 있는 사람은 누구나 데려갈 수 있는 특권과 하나님께 드릴 은금과 재정을 모금할 수 있는 권리를 얻은 자였다. 이러한 권한으로 엄청난 물자와 재정을 가지고 귀환 길에 오른 에스라는 어떻게 하면 안전하게 예루살렘까지 갈 것인가를 생각하였다. 그는 평탄한 길이 되도록 먼저 금식을 선포하고 하나님께 간구하였다.

여기에서 에스라는 "하나님의 손은 자기를 찾는 자들에게 선을 베푸신다"는 것을 이미 왕에게 고하였기 때문에, 먼 여정에 적군을 막고 도울 병사들과 마병들을 요청하는 것을 부끄러워하였다고 말한다. 그는 마음에 확신하여 믿는 바를 따랐다. 그래서 왕에게 경호의 도움을 요청하지 않고 사람을 의지하기보다는 하나님께 금식하며 간구하였다고 했다.

입으로 하나님을 찾으며 사람의 도움을 구하는 자가 얼마나 많은가? 그러나 에스라는 말과 행위가 일치하는 믿음을 지닌 사람이었다. 그는 이미 하나님께서 도와주신다고 왕에게 말했으므로 왕에게 더 이상 도움을 구하지 않고 하나님만 의지하고 예루살렘으로 떠났다.

"예루살렘으로 갈새 우리 하나님의 손이 우리를 도우사 대적과 길에 매복한 자의 손에서 건지신지라"(스 8:31)

항상 하나님의 손길의 도움을 깨닫는 사람은 하나님이 함께하는 사람임을 보여 주는 사람이다. 바로 에스라가 그런 사람이었다.

다른 면에서 하나님이 함께하고 계심을 잘 보여 준 선지자는 엘리사이다. 아람 군대가 엘리사를 잡고자 주변을 둘러 포위했을 때 수종 드는 자가 두려워하자, 엘리사는 말했다. "두려워하지 말라 <우리와 함께 한 자>가 그들과 함께 한 자보다 많으니라 하고 기도하여 이르되 여호와여 원하건대 그의 눈을 열어서 보게 하옵소서 하니 여호와께서 그 청년의 눈을 여시매 그가 보니 불말과 불병거가 산에 가득하여 엘리사를 둘렀더라"(왕하 6:16-17) 하나님이 함께하심을 보는 자는 여호와 하나님의 군대가 지켜 보호하심도 본다.

사도 바울도 그랬다. 그는 로마 감옥에 있었다. 그는 나이가 많았고, 내일이 어떻게 될지 모를 그런 환경 속에 놓여 있었다.

"나와 함께한 자가 하나도 없고 다 나를 버렸으나 그들에게 허물을 돌리지 않기를 원하노라 <주께서 내 곁에 서서> 나에게 힘을 주심은 나로 말미암아 선포된 말씀이 온전히 전파되어 모든 이방인이 듣게 하려 하심이니 내가 사자의 입에서 건짐을 받았느니라"(딤후 4:16-17)

모두가 그를 버리는 상황 속에서도 주께서 그의 곁에 서서 그에게 힘을 주시고 강건케 하셨다. 그는 주께서 함께하여 돕고 계신다는 사실을 분명히 전한다. 주변에 아무도 그와 함께해 주지 않은 고립감 속에서도 낙심하거나 절망하지 않고 하나님의 손길을 느끼고 전도의 사명을 불태우는 노년의 사도 바울이야말로 하나님이 함께하시는 사람이었다.

오늘날도 에스라와 같이 막중한 사명에서 도울 자를 사람에게서 찾지 않고 함께하시는 하나님의 능력의 손을 믿으며 담대히 하나님께서 동행해 주시기를 기도하는 사람이 필요하다. 현대인들은 사람과 사람 사이의 단절과 벽으로 인하여, 사회 구조적인 문제이기도

하지만, 누구로부터도 도움을 받지 못하고 있다는 심한 고립감을 경험하고 있다. 그로 인하여 낙심과 절망의 늪에 허우적거려 더 깊은 심연에 빠져서 극단적인 선택으로 몰리는 자들이 많다.

하나님을 의지하는 자들이여, 사람들이 곁을 떠난다고 해도 하나님은 약속대로 우리와 함께 계셔서 돕는 자 중에 계시니, 어떤 형편 가운데서도 자신에게서 하나님의 뜻이 이루어지기를 기도하라. E.M. 바운드는 "성경에 기도하는 사람들은 언제 어디서나 임재하시는 하나님을 믿었다. 하나님의 손은 언제나 기도의 손을 붙잡는다"라고 말했다.

히브리서 기자는 마치 오늘을 살고 있는 이들에게 말하듯, 이렇게 말한다. "돈을 사랑하지 말고 있는 바를 족한 줄로 알라 그가 친히 말씀하시기를 내가 결코 너희를 버리지 아니하고 너희를 떠나지 아니하리라 하셨느니라"(히 13:5)

현대인들의 삶에서 가장 많은 문제를 야기하는 것도 돈 문제이다. 돈이 맘몬이 되어 사람의 전 영역을 지배한다. 탐욕이 죄악을 낳고, 돈은 가지지 못한 사람들을 절망케 하는 요인이 된다. 그러나 가진 것이 없다고 하더라도 하나님의 함께하심이 삶의 능력임을 알아야 한다. 돈은 수단일 뿐이다. 목적이 아니다. 하나님의 뜻이 우리에게서 이루어지도록 돈을 그 수단으로 사용하는 지혜를 얻는다면, 물질은 하나님께서 허락하시는 것이다. 위에서 에스라에 대하여 이미 말했듯이 그는 하나님 여호와의 도우심을 입으므로 왕에게 구한 것은 다 받는 자였다고 증거한다. 어디에서나 하나님의 선한 도움의 손길을 바라고, 하나님이 함께하셔서 나를 돕는 자 중에 계심을 믿어라. 당신의 믿음과 간구한 대로 될 것이다.

"그러므로 우리가 담대히 말하되 주는 나를 돕는 이시니 내가 무서워하지 아니하겠노라 사람이 내게 어찌하리요 하노라"(히 13:6)

프린스턴 신학교 교수였던 벤저민 워필드는 모든 현상의 배후에 하나님의 임재하심을 보며 모든 발생되는 일에서 그의 뜻을 행사하시는 하나님의 손을 인식하는 사람들이 칼빈주의자들이라고 했다. 이런 의미에서 에스라나 엘리사, 사도 바울 등이 오늘날의 말로 정의하면 칼빈주의자들이라 할 수 있다. 물론 칼빈주의자들은 성경의 이런 인물들 속에서 그들의 사상을 형성하였음은 주지의 사실이다.

# 11
# 임마누엘의 하나님
## –약속의 성취

하나님이 우리와 함께하시겠다는 약속으로서 "임마누엘"은 예수께서 이 땅에 태어나시면서 성취되었다. 마태복음에서 예수님의 탄생을 이렇게 선포하였다.

"이 모든 일이 된 것은 주께서 선지자로 하신 말씀을 이루려 하심이니 이르시되 보라 처녀가 잉태하여 아들을 낳을 것이요 그의 이름은 임마누엘이라 하리라 하셨으니 이를 번역한즉 하나님이 우리와 함께 계시다 함이라"(마 1:22-23)

이 임마누엘이 약속된 것은 유다 아하스 왕 때이다. 아하스는 우상 앞에 자기 아들을 불살라 바치는 악하고 어리석은 왕이었다(왕하 16:3). 그때 시리아 왕 르신과 북이스라엘 왕 베가의 연합군이 침략해 왔다. 아하스는 이사야 선지자의 말을 듣지 않고 적국인 앗수르 왕에게 도움을 요청하였다. 이때 하나님은 선지자의 입을 통하여 두려워 떠는 유다 백성들에게 임마누엘의 약속을 주셔서 극한 고난 중에도 하나님께서 함께 계셔 지켜주실 것을 징표로 남겨주셨다. 이는 이스라엘이 아무리 배신할지라도 여전히 그들을 떠나지 아니하며 그들과 함께 계시겠다는 약속을 확인시켜 주신 것이다.

이 약속은 긴 시간 속에 묻혔다. 말라기 이후 예수님의 탄생까지를 신구약 중간기라 한다. 역사는 이 기간을 약 400년으로 본다. 그 기간은 하나님의 임재 역사가 없는 침묵의 시기였다. 하나님의 임재가 없으므로 하나님의 말씀 계시도 없었다. 그 기간 세상 속 역사는 엄청난 소용돌이 속에 급변하고 있었다.

마케도니아 알렉산더의 헬라 제국이 불같이 일어났다가 알렉산더 대왕의 죽음으로 제국은 분열되었다. 팔레스타인 지역은 프톨레마이오스 왕조가 지배하다가 후에 셀레우코스 왕조가 지배하게 된다. 두 왕조 모두 헬라 제국의 후예들로, 헬라 문화를 주입하려는 강압적인 지배로 인해 성전을 멸시하고, 안식일을 금하고, 율법 책을 태우는 등 유대교를 탄압하였다. 가장 대표적인 왕이 안티오코스 4세로, 그는 성전을 모독하여 성전 제단에 돼지 피를 바르는 일까지 자행했다.

이 일에 격노하여 일어난 유대인 저항 운동이 마카베오 운동이었다. 이는 사실 게릴라전으로 유다를 단합하게 하였고, 이때 로마가 일어나 헬라 제국들이 멸망하였다. 유다는 이를 기회로 하스몬 왕조가 세워져 근 100년을 지속하였으나 이 왕조는 하나님이 약속하신 왕조가 아니었다. 헬라 문화를 정치적으로 이용함으로써 경건한 유대인들이 반대파로 나섰는데, 그들이 바로 바리새파들이다. 이런 내부적인 혼란과 왕위 계승 문제로 왕의 두 아들 사이에 내분이 일어나 연약해진 하스몬 왕조는 결국 무혈로 로마에 정복되고 말았다.

유대인들은 말씀이 갈급하였다. 아모스 선지자는 이 상황을 예언한 바 있다. "주 여호와의 말씀이니라 보라 날이 이를지라 내가 기근을 땅에 보내리니 양식이 없어 주림이 아니며 물이 없어 갈함이 아니요 여호와의 말씀을 듣지 못한 기갈이라"(암 8:11) 이 시기 그들은 하나님의 영광을 보기를 원했다. "때가 차매 하나님이 그 아들을 보내사 여자에게서 나게 하시고…"(갈 4:4)

여기서 우리는 본다. 세상의 열왕들이 큰 소리로 일어나고 사라진다고 해도 그들이 세상을 구원하는 것이 아니었다. 세상을 친히 다스리시는 분은 여호와 하나님이셨음을 본다. 우리의 갈급함을 채워 주시는 이는 하나님이시다. 우리와 영원히 함께하시겠다고 약속하신 대로 말씀이 육신이 되신 예수 그리스도 하나님의 아들을 이 땅에 보내심으로 임마누엘의 약속을 지키셨다.

"내가 그들에게 복을 주기 위하여 그들을 떠나지 아니하리라 하는 영원한 언약을 그들에게 세우고 나를 경외함을 그들의 마음에 두어 나를 떠나지 않게 하고 내가 기쁨으로 그들에게 복을 주되 분명히 나의 마음과 정성을 다하여 그들을 이 땅에 심으리라"(렘 32:40-41)

예레미야를 통하여 주신 이 하나님의 약속은 영원한 새 언약으로, 하나님은 자기 백성을 결코 포기하지 않으시고 기쁨으로 복을 주시겠다는 말씀이다. 하나님께서 마음과 정성을 다하여 이스라엘을 회복시키시겠다는 이 약속의 성취가 '임마누엘'이다. 그러므로 하나님이 함께해 주신다는 것은 하나님의 기쁨과 마음과 정성이 담겨있는 일이다. 이 임마누엘이 예수 그리스도이시다. 그러므로 예수는 자기 백성에 대한 하나님의 기쁨이다. 마음이다. 정성이다. 온 마음과 뜻을 다하는 사랑이다.

"그날에는 내가 아버지 안에, 너희가 내 안에, 내가 너희 안에 있는 것을 너희가 알리라"(요 14:20)

임마누엘의 主로 오신 예수는 자기 백성과 함께하시기 위해 이 땅에 오셨다. 옛 언약에서는 하나님이 함께하셔서 자기 백성을 마치 목자가 양을 지키고 보호하고 인도하듯이 하였다. 그러나 예수께서 이 땅에 오심으로 하나님과 함께하심이 새 언약에 따라 위의 말씀처럼 하나님과 사람의 신비한 연합으로 바뀌었다.

예레미야는 새 언약을 이스라엘 백성들에게 선포하였다.
"보라 날이 이르리니 내가 이스라엘 집과 유다 집에 새 언약을 맺으리라"(렘 31:31)

# 12
# 너는 내 안에, 나는 네 안에
## -신비한 연합으로 함께하심

"그날 후에 내가 이스라엘 집과 맺을 언약은 이러하니 곧 내가 나의 법을 그들의 속에 두며 그들의 마음에 기록하여 나는 그들의 하나님이 되고 그들은 내 백성이 될 것이라"(렘 31:33)

"새 영을 너희 속에 두고 새 마음을 너희에게 주되"(겔 36:26)

이 예언의 성취로 성령 하나님이 우리 속에 거하신다. 예수께서는 자신을 찾아온 무리에게 가버나움 회당에서 이것을 가르치셨다. 새 언약에서의 하나님이 함께하심에 대하여 예수님은 "내 살을 먹고 내 피를 마시는 자는 내 안에 거하고 나도 그의 안에 거하나니 살아 계신 아버지께서 나를 보내시매 내가 아버지로 말미암아 사는 것 같이 나를 먹는 그 사람도 나로 말미암아 살리라"(요 6:56-57) 고 말씀하셨다.

인자의 살과 인자의 피를 먹는 행위는 성찬 예식에서의 살과 피로 상징되는 떡과 포도주를 먹고 마시는 것으로, 예수 그리스도의 십자가에서 죽으심을 통하여 이루신 속죄를 믿는 행위이다. 이를 통하여 곧 속죄를 믿는 자는 그리스도와 연합하는 자임을 말씀하고 있다. 예수께서는 부활 후 하늘 보좌로 올라가시면서 제자들에게 자기 대신 성령을 우리 안에 부어주시겠다고 했다.

"보혜사를 너희에게 주사 영원토록 너희와 함께 있게 하리니… 또 너희 속에 계시겠음이라"(요 14:16-17)

임마누엘 되신 주님은 부활하여 하나님의 크신 영광의 보좌 옆에 계시지만 우리 안에 오신 성령님을 통하여 항상 곁에서 영원토록 우리와 함께 계신다. 말씀이 육신이 되신 그리스도는 부활 후 우리 안에 성령으로 말미암아 말씀으로 들어와 계신다. 하나님의 말씀이 성령님의 감동으로 내 안에 들어와 새겨지는 말씀을 "레마"라고 한다.

박윤선 박사는 요한복음 주석에 헤르만 바빙크의 말을 인용하였다. 그에 의하면, 하나님은 언제나 그 말씀과 함께 임재하여 계신다는 것이다.

"하나님의 말씀은 하나님 자신에게서 분리되어 있지 않으며 그리스도나 성령에게서 분리되지 않는다"라고 했다. 그리고 "그는 언제나 그의 전지전능한 능력을 지니시고 그 말씀과 함께 임재하신다" 했다. 이와 같이 하나님은 말씀과 함께 우리 안에 임재하시므로 말씀 앞에 깨어 있어야 한다. 들을 귀를 열어야 한다. 귀 있는 자는 성령이 교회들에게 하시는 말씀을 들어야 하지 않는가(계 3:22).

주님은 말씀하셨다.
"내 안에 거하라 나도 너희 안에 거하리라"(요 15:4)

박윤선 박사는 이를 주석하여 "'거하다'의 원어적인 뜻은 '머물다'로, 이미 있는 자리에 머물라는 말이다. 그러므로 우리는 하나님으로 말미암아 그리스도 안에 있는 자니, 그 안에 머물러 있으려고 순종의 길을 걷는 자이다"라고 했다. 그러므로 주 안에 거한다는 뜻은 하나님의 말씀이 우리 안에서 역사하시도록 말씀 중심의 삶을 살아가는 것을 말한다.

"내 말이 너희 안에 거하면" 이 말씀은 주님의 말씀이 그들 마음의 중심을 점령하는 것과 같다. 그러므로 "그의 계명을 지키는 자는 주 안에 거하고 주는 그의 안에 거하시나니 우리에게 주신 성령으로 말미암아 그가 우리 안에 거하시는 줄을 우리가 아느니라"(요일 3:24)라고 했다.

예수께서는 포도나무 비유(요 15장)를 통하여 그리스도와 연합을 함축되게 말씀하셨다. 앤드류 머레이는 그의 책 "주 안에 거하라"에서 주 안에 거하는 자의 축복을 이렇게 진술한다. "주 안에 거함으로써 당신은 환난 중에서도 하나님께서 당신을 위해 마련하신 모든 풍성한 축복에 참여하는 자가 될 것이다. 그러면, 당신은 주님 안에서 확실하고 풍성한 위로를 받을 것이고. 당신은 많은 열매를 맺게 될 것이다."

요한은 이렇게 말했다. "그의 안에 산다고 하는 자는 그가 행하시는 대로 자기도 행할지니라"(요일 2:6) 우리 안에 거하시는 예수 그리스도와 교제하고 예수와 동행하며 살아가는 것이 주 안에 거하는 삶이다.

"나는 포도나무요 너희는 가지라 그가 내 안에, 내가 그 안에 거하면 사람이 열매를 많이 맺나니 나를 떠나서는 너희가 아무것도 할 수 없음이라"(요 15:5)

"그가 내 안에 내가 그 안에 거하면"이란 결국 완전한 연합을 의미한다. 포도나무와 가지가 갖는 그런 유기적 생명력을 지니는 것이다.

러시아의 겨울은 혹독하다. 그런데 영하 20도 보다 더 내려가는 날도 나무는 벌거벗은 체 의연하게 서 있다. 앙상한 가지들, 아기 손가락보다 더 가는 나뭇가지들, 어떻게 그것들이 얼어서 말라 죽지 않고, 봄이면 어김없이 녹색의 새싹을 틔우는지 참으로 생명의 신비이다. 그 신비는 다름 아닌 나무뿌리로부터 가지 끝까지 올라오는 생명의 교감이다. 만약 그 가지들이 나무에서 떨어진다면 당연히 말라버릴 것이다. 주님의 포도나무 비유도 바로 이 생명을 나누는 관계를 전제하시고 말씀하신 것이다.

"사람이 내 안에 거하지 아니하면 가지처럼 밖에 버려져 마르나니 사람들이 그것을 모아다가 불에 던져 사르느니라"(요 15:6)

사도 요한은 '하나님의 함께하심'을 "우리가 하나님 안에 거하고 하나님이 우리 안에 거하신다"는 신비한 연합의 언어로 표현하였다. 물론 이는 예수께서 주신 말씀이다(요 6:56). 사도 요한은 그의 서신에서 어떻게 하면 하나님이 우리와 함께하시는가를 구체적으로 말하고 있다.

"누구든지 예수를 하나님의 아들이라 시인하면 하나님이 그의 안에 거하시고 그도 하나님 안에 거하느니라"(요일 4:15)

"어느 때나 하나님을 본 사람이 없으되 만일 우리가 서로 사랑하면 하나님이 우리 안에 거하시고 그의 사랑이 우리 안에 온전히 이루어지느니라"(요일 4:12)

"하나님은 사랑이시라 사랑 안에 거하는 자는 하나님 안에 거하고 하나님도 그의 안에 거하시느니라"(요일 4:16)

이를 어떻게 아는가. 요한은 성령을 우리에게 주시므로 우리가 그 안에 거하고 그가 우리 안에 거하시는 줄을 안다(요일 4:13)고 했다. 성령은 우리 안에 우리 가운데 우리 위에 충만히 계셔서 우리에게 하나님이 함께하신다는 이 사실을 알게 해주신다. 왜냐하면 성령으로 아니하고는 누구든지 예수를 주시라 할 수 없기 때문이다(고전 12:3). 그러므로 예수를 하나님의 독생자 구세주로 고백하는 자들에게 예수 생명으로 하나님이 함께하신다. 그리고 우리가 받은 하나님의 사랑 안에 머물며 그 사랑으로 서로 사랑하면, 하나님이 함께하심을 나타내 보여 주신다는 사실이다.

## 주 안에서

바울은 특별히 그의 서신에서 '주 안에서', '주 예수 안에서', '그리스도 예수 안에서'라는 말을 많이 사용하고 있다. 즉 주 안에서 기뻐하라, 주 안에서 감사하라 등 그리스도인임을 의식적으로 전제하고 사용하는 말은 주 안에서이다. 이는 하나님의 자녀들이 어디에 속해 있느냐 하는 것을 나타낸다. 이는 예수께서 떡과 포도주를 나누면서 하신 말씀이나 포도나무 비유에서 하신 말씀, 너희가 내 안에 내가 너희 안에 거하리라 하신 말씀을 이해로 한다.

바울은 그리스도와 함께 연합함으로써 그와 함께 죽고(옛 사람이 죽고) 그리스도와 함께 살아 새 사람으로 사는 자의 소속을 "그리스도 예수 안에서"라는 말로 축약한다고 볼 수 있다. 이는 세례를 통해서 이루어지고, 성만찬을 통해서 유지되는 신비적 연합이며 소속 됨이다. 하나님은 이 신비적 연합을 통하여 함께하신다.

"너희가 세례로 그리스도와 함께 장사되고 또 죽은 자들 가운데서 그를 일으키신 하나님의 역사를 믿음으로 말미암아 그 안에서 함께 일으키심을 받았느니라"(골 2:12)

물론 여기에 성령이 계심이다. 성경은 성령에 대하여 하나님의 영, 그리스도의 영을 동일시하며 교차 사용하고 있다.

"만일 너희 속에 하나님의 영이 거하시면 너희가 육신에 있지 아니하고 영에 있나니 누구든지 그리스도의 영이 없으면 그리스도의 사람이 아니라 또 그리스도께서 너희 안에 계시면 몸은 죄로 말미암아 죽은 것이나 영은 의로 말미암아 살아 있는 것이니라 예수를 죽은 자 가운데서 살리신 이의 영이 너희 안에 거하시면 그리스도 예수를 죽은 자 가운데서 살리신 이가 너희 안에 거하시는 그의 영으로 말미암아 너희 죽을 몸도 살리시리라"(롬 8:9-11)

이와 같이 성령은 하나님의 영이시며 그리스도의 영이시다. 성령이 거하시는 곳에는 삼위일체 하나님이신 성부와 성자이신 예수 그리스도가 함께 거하시는 것이다. '거하시면'이라는 말은 헬라어로 "오이케이"인데, '살다', '거주하다'는 뜻으로 현재 시제이다. 살기 시작된 순간부터 현재로 계속해서 산다는 의미이다. 그러므로 그리스도의 죽음과 부활을 믿음으로 그리스도와 함께 죽고 그와 함께 사는 것이 바로 그리스도인이다.

그러므로 사도 바울의 '주 안에서'는 구원의 결과로서 그리스도와 영적 연합을 의미할 뿐 아니라 그에게 속한다는 뜻을 담고 있다. 속한 자는 그리스도와의 영적 연합을 통한 새로운 생명을 얻게 된

새로운 피조물로서의 거듭남이다. 이것은 바울이 비유로 돌감람나무가 참감람나무에 접붙임이 되어 참감람나무 뿌리의 진액을 함께 받는 자 되었음을 예로든 데서도 알 수 있다(롬 11:17).

여기에서 사도 바울이 말한 '주 안에서'의 상태는 주님의 십자가와 부활에 동참하여 거듭난 자이며, 주의 영인 성령을 모신 성전으로서 거룩한 자로, 주님의 구속의 은혜를 알고 감사하는 자이며, 주님의 말씀에 순종하며 주와 교제하는 자이다. 따라서 '주 안에서'는 주님과의 신비한 연합으로, 하나님의 내적 임재이시며, 하나님께 편에 속한 자이다.

주님과 우리가 함께하심을 역사하시는 분은 성령 하나님이시다. 그러므로 성경은 '주 안에서'와 '성령 안에서, 예수 안에서' 혹은 '그리스도 안에서'라는 말을 교차하여 사용하고 있다(롬 9:1, 엡 2:22; 6:18). 여기에서 성령에 대한 이해를 좀 더 설명하자면, 성령은 예수께서 우리와 영원히 함께 계시기 위하여 약속대로 보내신 보혜사이다.

"내가 아버지께 구하겠으니 그가 또 다른 보혜사를 너희에게 주사 영원토록 너희와 함께 있게 하리니"(요 14:16)

'보혜사'란 그리스어로 '파라클레토스'인데, 이 말은 '가르치고 도와주는 스승', 또는 '변호자'라는 의미가 있다. 성령을 보혜사라 말씀하신 것은 큰 의미로서 성령의 역할을 말한다고 하겠다. 그리고 다른 보혜사란 말 속에서 예수 자신의 역할이 보혜사의 역할이었음을 또한 함축하고 있다. 그러나 지상에서의 예수님의 사역은 단순 가르치고 도와주고 변호하는 역할을 넘어 자비를 베풀어 병자를 치유하시고, 기적을 베풀어 하나님의 영광을 드러내시며, 하나님 나라를 선포하시고 자신을 내어 주시기까지 십자가의 구속의 은혜를 베푸셨다. 이 사역들을 감안할 때, 다른 보혜사의 사역은 단순 언어적 해석 영역을 넘어선다. 예수께서는 바로 이 다른 보혜사를 보내어 영원토록 함께해 주시겠다고 약속하셨다. 추론적으로 말해 다른 보혜사 성령께서 우리 안에 거하시므로 주님이 우리와 영원히 함께하시는 것이다.

## 그리스도 안에서

"내가 그를 위하여 모든 것을 잃어버리고 배설물로 여김은 그리스도를 얻고 그 안에서 발견되려 함이니"(빌 3:8-9)

바울의 최대 관심사는 그리스도 안에서 발견되는 것이다. 이는 그리스도에 속한 것이며, 하나님 편에 서는 일이다. 모든 것을 잃어버리고 모든 것을 배설물로 여기는 것은 그리스도를 얻고 그 안에서 발견되려는 것이라고 했다. '그리스도 안에서'가 무엇이기에 바울은 모든 것을 잃어도 좋다고 하는가? 그것이 무엇이기에 모든 세상의 것을 배설물로 여길 수 있는가? 그가 그리스도 안에서 발견되기를 원하는 이유, 그것은 예수가 생명이기 때문이다. 예수께서 천하를 얻고도 생명을 잃으면 아무 소용이 없다고 하셨다. 예수께서는 내가 길이요 진리요 생명이라 말씀하시고, 나로 말미암지 않고는 아버지께로 올 자가 없다고 하셨다(요14:6).

바울은 이것을 알았다. 예수를 핍박하고 예수 믿는 자들을 잡아 가두던 혈기 왕성한 청년 사울이 예수에게 잡힌 바 되어 하나님의 아들 예수 그리스도를 전하는 자 바울이 된 것을 그는 하나님의 은혜라고 했다. 그가 그렇게 남보다 자랑했던 혈통의 가문, 학문과 율법의 의로움 등이 예수를 얻는 데는 아무 소용이 없는 해로운 것, 오물에 불과하다는 것을 알았기 때문이다. 왜냐하면 예수 안에 영원한 생명이 있기에 그의 삶에는 예수가 목적이었다.

이는 모세가 믿음으로 바로의 공주의 아들이라 칭함 받기를 거절하고 도리어 하나님의 백성과 함께 고난 받기를 잠시 죄악의 낙을 누리는 것보다 더 좋아하고 그리스도를 위하여 받는 수모를 애굽의 모든 보화보다 더 큰 재물로 여겼으니 이는 상주시는 이를 바라봄(히 11:24-26)과 같은 것이다.

"그러나 내가 나 된 것은 하나님의 은혜로 된 것이니 내게 주신 그의 은혜가 헛되지 아니하여 내가 모든 사도보다 더 많이 수고하였으나 내가 한 것이 아니요 오직 <나와 함께하신> 하나님의 은혜로라"(고전 15:10)

우리가 생명이신 그리스도를 얻고 그 안에 소속되어 있음을 아는 것이 하나님이 함께하셔서 베풀어 주시는 하나님의 은혜이다.

### 성령 안에서

"너희는 너희가 하나님의 성전인 것과 하나님의 성령이 너희 안에 계시는 것을 알지 못하느냐"(고전 3:16)

사도 바울은 고린도 교회 성도들에게 성령이 거하시는 처소로서, 몸을 하나님의 성전이라 하였다. 구약 시대에 성전은 하나님의 임재의 장소였다. 특별히 법궤가 모셔진 지성소에는 하나님께서 강림하셔서 자기 백성의 죄를 덮어주시는 속죄소라 불리는 시은좌가 있었다(출 25:17-22). 하나님은 이 속죄소에서 일 년에 한 번씩 대제사장과 만났다(출 30:6).

이처럼 하나님께서 임재하셔서 자기 백성을 만나주시며 은혜를 베푸시는 성전이 신약 시대에는 새 언약의 약속에 따라 성도들의 몸을 성전 삼으셨다. 우리 몸이 성전이 된다는 것은 그리스도께서 우리 안에, 곧 하나님이 항상 함께 계셔 임마누엘 되심을 의미하는 것이다. 그뿐만 아니라 이 성전은 그리스도와 함께 지어져 가는 것이다. 예수는 성령 안에서 자기를 믿는 자들과 함께 하나님이 거하실 살아 있는 성전으로 지어져 연합이 되는 것이다.

"너희도 성령 안에서 하나님이 거하실 처소가 되기 위하여 그리스도 예수 안에서 함께 지어져 가느니라"(엡 2:22)

성령의 전은 하나님이 거하시는 곳이요, 자기 백성을 만나주시는 곳이다. 이와 같이 믿는 자들의 몸을 성령이 거하시는 성전 삼아 주심은 하나님이 우리 안에 계시며, 우리와 함께하시며 우리와 만나주시며, 함께 늘 교제하기를 원하시기 때문이다.

이와 같이 하나님이 함께하심은 놀라운 은혜이나 또한 경고의 말씀도 주신다. "누구든지 하나님의 성전을 더럽히면 하나님이 그 사람을 멸하시리라 하나님의 성전은 거룩하니 너희도 그러하니라"(고전 3:17)

우리가 다시금 알아야 할 것은 하나님의 영광이 떠난 예루살렘 성전은 더 이상 하나님의 성전이 아니었다. 그러기에 예레미야는 외쳤다. "너희는 이것이 여호와의 성전이라, 여호와의 성전이라, 여호와의 성전이라 하는 거짓말을 믿지 말라"(렘 7:4)

오늘날 우리 몸이 성령이 거하시는 하나님의 성전인 것은 거룩하신 하나님이 우리와 함께하시기 때문이다. 그러나 우리가 범죄하여 하나님의 영광이 떠나면 세상과 함께 썩어질 육체에 불과하다. 따라서 하나님이 함께하는 사람은 하나님의 성전인 몸을 구별해야 한다. 세상 속에 살지만 세상과는 다른 구별된 삶을 살아야 한다. 하나님이 함께하심을 깨닫는 자마다 "우리는 살아계신 하나님의 성전이다"라는 분명한 의식을 가지고 살아야 한다.

"그러므로 너희는 그들 중에서 나와서 따로 있고 부정한 것을 만지지 말라 내가 너희를 영접하여 너희에게 아버지가 되고 너희는 내게 자녀가 되리라 전능하신 주의 말씀이니라"(고후 6:17-18)

사도 바울은 성령의 전인 몸이 너희 자신의 것이 아니고 값으로 산 것이니, 그런즉 몸으로 하나님께 영광을 돌리라고 했다(고

전 6:20). 하나님께 영광을 돌리기 위해 우리는 주의 임재를 사모해야 한다. 주님의 뜻을 헤아리고 주님의 말씀에 순종하기 위해서이다. 주의 날이 가까워질수록 성령 안에서 하나님의 성전으로 함께 지어져 가기 위해 모이기를 힘써야 한다. "두세 사람이 내 이름으로 모인 곳에는 나도 그들 중에 있느니라"(마 18:20) 하나님은 예수의 이름으로 모이는 하나님의 백성들 가운데 임재하신다. 참된 그리스도인은 성령의 충만함으로 인하여 하나님의 임재를 경험한다.

박윤선 박사는 그의 로마서 주석에서 임재의 4가지 체험을 서술했다.
1) 심령에 힘을 얻는 체험(요 14:19)
2) 우리가 계명을 지킬 때 주님이 우리 마음속에 거하시는 체험 (요 14:21-24)
3) 오묘한 진리를 깨닫는 체험(요 14:25-26)
4) 기쁨이 충만해지는 체험(요 16:22-24)

바울은 믿음으로 말미암아 그리스도께서 우리 마음에 계시기를 기도했다(엡 3:17). 그는 "형제들아 너희는 각각 부르심을 받은 그대로 <하나님과 함께> 거하라"(고전 7:24)고 권면했다. 이 말씀들을 통하여 우리가 깨닫는 것은 성령이 우리 안에 거하시지만 성령을 따라 살지 않고 육체의 소욕을 따라 살게 되면 주님의 임재를 체험할 수 없다는 점이다. 그러므로 지속적으로 성령의 인도하심을 따르기 위해서 우리의 의지를 주님께 맡겨야 한다.

"내가 이르노니 너희는 성령을 따라 행하라 그리하면 육체의 욕심을 이루지 아니하리라 육체의 소욕은 성령을 거스르고 성령은 육체를 거스르나니 이 둘이 서로 대적함으로 너희가 원하는 것을 하지 못하게 하려 함이니라"(갈 5:16-17)

또한 사도 바울은 그리스도를 교회의 머리로, 교회를 그리스도의 몸으로 비유하여 하나 되는 유기적인 신비한 관계를 나타내고 있다(엡 1:22-23). 부르심을 입은 믿는 자의 무리를 교회(에클레시아)라 칭한다고 할 때, 믿는 자들은 그 몸의 지체로서 그리스도와 함께한다. 머리와 몸은 뗄 수 없는 생명의 관계이다. 교회는 주님이 이 세상에서 임재하시는 형태의 하나이다. 우리는 주님의 몸된 교회를 통하여 하나님의 영광을 본다. 교회는 그리스도의 비밀이며 온 세상을 충만케 하시는 충만이다(엡 1:23).

# 13
# 하나님의 함께하심과 **유혹, 그리고 넘어짐**

"마귀에게 틈을 주지 말라"(엡 4:27)

하나님은 빛이시다. 하나님을 대적하는 세력은 어두움이다. 어둠의 세력도 하나님의 주권 아래 있지만, 인간에게 자유 의지를 주신 것 같이 어둠의 세력에게도 인간을 넘어지게 하기에 충분히 강력한 힘을 허락하셨다. 어둠의 세력은 그래서 끊임없이 하나님의 백성들을 자기에게 굴복케 하여 하나님께 불순종하도록 만든다. 바울은 저들이 우는 사자같이 삼킬 자를 찾는다고 표현했다. 그러나 염려할 필요는 없다. 마귀의 존재는 인정하되, 두려워할 필요는 없다. 단지 보이지 않는 어두운 영적 세력을 대적하기 위해 영적 무장을 해야 한다. 왜냐하면 저들은 죄에 대하여 자신들의 권세를 사용할 수 있기 때문이다.

사도 바울은 마귀의 간계를 능히 대적하기 위하여 하나님의 전신 갑주를 입으라 했다(엡 6:10-11). 전신 갑주란 로마 군병들이 전쟁에 나갈 때 갖추는 무장을 말한다. 이에 사도 바울이 제시하는 영적 무장은 진리, 거룩한 삶, 복음 전파, 믿음, 구원의 확신, 하나님의 말씀과 기도이다. 진리는 하나님 편에 서는 것이요, 거룩한 삶은 하나님의 자녀로서 구별된 자로 사는 것이며, 복음 전파는 하나님 나라가 임하도록 우리가 드려야 할 헌신이다. 믿음은 하나님께 대한 순종이며, 구원의 확신은 소망에 찬 기쁨의 생활이고, 성령의 검인 말씀은 영적인 삶의 잣대이며, 기도는 하나님을 의지함이다. 그러므로 그리스도인의 전신 갑주는 삶의 태도이다. 하나님이 함께하시면 하나님의 그 얼굴의 빛이 비쳐 빛을 발하게 된다.

"여호와는 그의 얼굴을 네게 비추사 은혜 베푸시기를 원하며"
(민 6:25)

빛이 비치는 곳에 어두움은 물러간다. 그런데 하나님이 함께하시면 넘어짐은 있을 수 없는가? 있다. 베드로는 주님과 함께 있으면서도 넘어졌다.

그 넘어짐의 첫째는 의심이다. 물에 빠진 베드로를 생각해 보자. 예수께서는 산에 기도하러 가시고 제자들은 먼저 배를 타고 갈릴리 바다를 건너가게 하셨다. 가던 도중 제자들은 바람이 일어 큰 물결로 어려움을 당하고 있을 때, 예수님은 어두운 밤, 바다 위를 걸어 제자들에게 찾아오셨다. 제자들이 놀라 유령인가 하여 두려워하였다. 이에 예수께서는 "안심하라, 내니 두려워 말라"고 하셨다. 그러자 베드로는 "주여 만일 주님이시거든 나를 명하사 물 위로 오라 하소서"라고 요청하였다. "오라"고 허락하시자 베드로는 배에서 내려 물 위로 걸어서 예수님을 향해 걸어갔다. 그러나 바람이 부니 무서워하자 물에 빠져들었고, 베드로는 소리 질러 "주여 나를 구원하소서"라고 하였다. 예수께서는 즉시 손을 내밀어 그를 붙잡으시며 "믿음이 적은 자여 왜 의심하느냐"고 말씀하시고, 배에 함께 오르셨을 때 바람이 그쳤더라고 성경은 진술한다(마 14:22-32).

베드로는 주님의 능력으로 바다 위를 걸으면서도 바람이 불자 두려움 때문에 물에 빠져들었다. 주님은 이를 믿음이 적은 자의 의심의 결과로 말씀하셨다. 주님의 말씀에 순종하여 능력 있는 자로 행하다가 환경이 어려워지면, 믿음이 약하여 의심하는 자의 모습이다. 주님이 함께하는 삶에서 환경을 보지 말고 주님만 바라보라. 그러지 않으면 의심의 풍랑이 자신을 삼키고 심연 깊은 곳으로 빠져들게 할 것이다.

"오직 믿음으로 구하고 조금도 의심하지 말라 의심하는 자는 마치 바람에 밀려 요동하는 바다 물결 같으니 이런 사람은 무엇이든지 주께 얻기를 생각하지 말라"(약 1:6-7)

함께하면서 넘어짐의 둘째는 자기 의를 구하는 열심이다. 예수께서 예루살렘에 들어가면 제사장과 서기관들로 핍박을 받아 죽임을 당할 것이라고 제자들에게 말했을 때, 베드로는 예수님을 만류하며, 그런 일은 절대 일어나지 않을 것이라고 말했다. 그때 예수께서 베드로를 돌아보시고 "사탄아 내 뒤로 물러가라 너는 나를 넘어지게 하는하는 자로다 네가 하나님의 일을 생각하지 않고 사람의 일을 생각 하는도다"라고 말씀하시며 책망하셨다(마 16:23).

그렇다. 예수와 함께하면서도 사람의 일을 생각하면 넘어진다. 내 자신이 마귀 노릇을 할 수 있다. 그것은 하나님의 뜻 보다 자신의 의를 나타내기 때문이다. 자신의 의란 자신의 생각이 옳거나 잘하고 있다고 자랑스럽게 여기는 것을 말한다. 자신의 의를 드러내다 보면 교만한 자가 된다. 교만이 패망의 선봉이라 하지 않던가(잠 16:18).

사도 바울도 이스라엘 백성들에 대하여, 이렇게 증언하였다. "그들이 하나님께 열심이 있으나 올바른 지식을 따른 것이 아니니라 하나님의 의를 모르고 자기 의를 세우려고 힘써 하나님의 의에 복종하지 아니하였느니라"(롬 10:2-3) 믿는 자들이 교만한 자가 되지 않기 위해서는 주의 뜻 안에 있는가, 내가 어디로 가고 있는가를 늘 시험해 보아야 한다. 바울은 말했다. "너희는 믿음 안에 있는가 너희 자신을 시험하고 너희 자신을 확증하라 예수 그리스도께서 너희 안에 계신 줄을 너희가 스스로 알지 못하느냐"(고후 13:5)

넘어짐의 셋째는 세상을 닮고자 함이다. 세상을 사랑하면 넘어진다. 그 호기심은 세상이 추구하는 것을 얻고자 함이다. 요한은 이를 이렇게 말했다. "이 세상이나 세상에 있는 것들을 사랑하지 말라 누구든지 세상을 사랑하면 아버지의 사랑이 그 안에 있지 아니하니 이는 세상에 있는 모든 것이 육신의 정욕과 안목의 정욕과 이생의 자랑이니 다 아버지께로부터 온 것이 아니요 세상으로부터 온 것이라"(요일 2:15-16) 여기서 세상의 의미는 흔히 말하는 자연계가 아니다. 죄와 사망이 왕 노릇하고, 인간의 욕망이 하나님의 뜻보다 앞서는 곳을 말한다. 그곳은 성경에서 나오는 애굽이요, 바알이며, 바벨론이다. 하나님은 그곳에서 이스라엘을 불러내셔서 하나님의 백성으로 구별하셨다.

하나님의 나라가 임하여야 할 세상이, 맘몬이 하나님처럼 군림하고 마귀가 주관하여 우는 사자처럼 삼킬 자를 찾는 곳이 되었다. 그러므로 세상은 하나님의 심판에 대상이나, 하나님은 이 세상을 긍휼히 여겨 구속자 예수 그리스도를 보내셔서 세상을 위한 화목제물로 삼으시고 그를 믿는 자를 구원하시기를 기뻐하셨다. 그런데 하나님의 자녀 된 자들이 여전히 세상에 한 발을 담그고 세상의 달콤함을 맛보며 우상을 섬기는 자들과 타협하며 살 때 넘어질 수밖에 없다.

동물의 왕국이란 영상물을 보면 밀림에서 사나운 맹수에 잡혀 먹이가 되는 짐승은 무리에서 벗어난 어린 짐승이나 다른 호기심으로 무리에서 뒤처진 짐승이다. 우리가 마귀의 공격으로부터 피하기 위하여서는 하나님 백성의 무리 곧 교회에서 벗어나면 안 된다. 또한 세상의 유혹에 빠져 뒤처지면 안 된다. 이는 마귀의 아주 좋은 표적이 될 것이다. 오히려 빛의 자녀들로서 세상의 빛과 소금의 역할을 행함으로써 세상을 변화시키는 역할을 감당해야 한다. 예수님이 십자가를 지는 방식으로 주님을 닮는 생활을 본받을 때 유혹에서 이길 수 있다. 세상을 이기는 이김은 믿음이라고 했다. 이를 알고 있는가? 주님과 동행하는 자들에게는 주님이 허락하시지 않는 한 마귀는 아무런 영향력도 발휘할 수 없다.

그러나 오늘날 우리 마음에 가장 중요하게 여기는 것이 무엇인가? 그것이 우상이 되어 마귀는 우리의 발뒤꿈치를 잡는다. 성경에서 이스라엘의 실패는 두 주인을 섬겼기 때문이다. 이사야 선지는 이렇게 고백한다 "여호와 우리 하나님이시여 주 외에 다른 주들이 우리를 관할하였사오나"(사 26:13) 그들은 하나님을 섬기지 않겠다고 하지 않았다. 하나님도 섬기고 다른 신들도 함께 섬겼다. 그것이 그들의 올무가 되었다.

우리가 모든 것을 내어주어도 내어줄 수 없고 양보할 수 없는 것은 내 안에 계시는 주님이시다. 주님이 하나님과 재물을 겸하여 섬길 수 없다고 말씀했음에도 불구하고 언제부터인가 교회는 세상과 닮아지려고 노력하고 있다. 돈을 삶의 가장 중요한 가치로 생각하는 배금주의 때문이다. 교회가 다시 부와 권세 있는 자들이 우대받는 곳이 되었다.

주의 앞에는 충만한 기쁨이 있고 주의 오른쪽에는 영원한 즐거움이 있나이다

# 14
# 영원히 함께하시는 하나님
## -소망

"내가 들으니 보좌에서 큰 음성이 나서 이르되 보라 하나님의 장막이 사람들과 함께 있으매 하나님이 그들과 함께 계시리니 그들은 하나님의 백성이 되고 하나님은 친히 그들과 함께 계셔서"(계 21:3)

하나님은 현재도 함께하시고 장차 천국이라 부르는 그곳에서도 함께하신다. 위의 성경 말씀은 바로 그것을 의미한다. 사도 요한은 마지막 때 이루어질 새 하늘과 새 땅에서 새 예루살렘의 강림을 보고 하늘 보좌에서 나는 큰 음성으로 들었다. 여기서 '하나님의 장막이 사람들과 함께 있음'은 하나님의 임재를 나타낸다. 오늘날 신약의 그리스도인들은 하나님이 함께하심을 성육신하신 그리스도 안에서 믿음의 눈으로 보나 그때는 직접적으로 눈으로 볼 것이다(계 22:4).

"우리가 지금은 거울로 보는 것 같이 희미하나 그때에는 얼굴과 얼굴을 대하여 볼 것이요 지금은 내가 부분적으로 아나 그때에는 주께서 나를 아신 것 같이 내가 온전히 알리라"(고전 13:12)

그날에 나를 아시는 주님의 얼굴을 마주 대함은 얼마나 가슴 벅찬 기쁨인가! "우리가 다 수건을 벗은 얼굴로 거울을 보는 것 같이 주의 영광을 보매 그와 같은 형상으로 변화하여 영광에서 영광에 이르니"(고후 3:18)라는 말씀은 우리 소망의 압권이다.

하나님은 영원히 자기 백성과 함께하시기 위해 자기 백성들을 구속하셨다. 이 구속에 의하여 하나님과 함께 영원히 거하는 것이 믿음의 목적이다. 현재도 함께하시고 영원한 하나님의 나라에서도 함께하기를 소망하는 것이 믿음이 가는 길이다. 그러나 성경은 누구나 다 천국에 들어가 주를 뵐 수 있는 것은 아니라고 분명히 말한다.

"모든 사람과 더불어 화평함과 거룩함을 따르라 이것이 없이는 아무도 주를 보지 못하리라"(히 12:14)

믿음의 목적지에 이르러 주님을 볼 수 없고 하나님과 함께할 수 없다면 그 믿음은 헛것이다. 곧 주님께 인정받지 못한 믿음이란 말이다.

"나더러 주여 주여 하는 자마다 다 천국에 들어갈 것이 아니요 다만 하늘에 계신 내 아버지의 뜻대로 행하는 자라야 들어가리라"(마 7:21)

위 말씀에서 예수께서 요구하신 것은 어떤 행위를 요구하기보다는 행위의 정당성을 요구하신 것이다. 이 말씀을 들은 많은 자가 "주여 주여 우리가 주의 이름으로 선지자 노릇하며 주의 이름으로 귀신을 좇아내며 주의 이름으로 많은 권능을 행치 아니하였나이까"하고 항변하였다. 그때 예수님의 대답은 내가 너희를 도무지 알지 못하니 불법을 행하는 자들아 내게서 떠나가라고 하셨다(마 7:23).

주의 이름으로 많은 일을 행한다고 해도 불법은 용인되지 않는다. 주의 이름으로 큰 권능을 행사하는 자들이라도 그것이 불법이라면 주님으로부터 인정받을 수 없다. 오늘날 목적이 좋으면 과정은 어쨌든 용인될 수 있다는 생각과 그것을 넘어 이것이 사상과 이념과 목적이 되어 믿는 자들과 교회 안에 버젓이 들어와 있다. 이것이 결과적으로 교회를 위한 일이고, 선교를 위한 일이라고 하면서 과정의 거짓을 버젓이 행하는 자들은 주님의 이 말씀 앞에서 무엇이라고 변명할 것인가 물어보지 않을 수 없다.

여기에 이익을 위해서는 수단과 방법을 가리지 않은 사회를 본다. 일전에 뉴스를 보니 자녀들을 좋은 대학에 입학시키고자 흔히 말하는 스펙을 좋게 하기 위하여 대필 보고서, 거짓 인턴 확인서, 수상 경력 조작 등을 하였다는 사실이 드러났다. 그런데 이는 부유층 사회에 오래전부터 내려오던 관행으로 포장하여 죄를 물타기로 희석하는 자들도 있었다. 그 사회 구성원 속에 분명히 그리스도인들이 포함되어 있다는 사실은 어떻게 설명할 것인가?

이는 하나의 단편적인 예이지만 모든 부분에 사람들이 거짓을 가면처럼 쓰고 있다. 그 가면 뒤의 얼굴을 주님 앞에서는 숨길 수 없다. 주님은 "불법을 행하는 자들아 나를 떠나가라"고 말씀하신다. 오늘날도 하나님의 구속 역사를 방해하는 것은 불법과 거짓이다. 불법과 거짓은 하나님의 구속의 역사를 방해하는 사탄의 세력이다. 주님은 이들에게 마지막 심판 때에 도무지 알지 못한다고 하셨다. 이것은 누구든지 생명책에 기록되지 못한 자는 불 못에 던져지리라(계 20:15)는 말씀에 해당한다.

"두려워하는 자들과 믿지 아니하는 자들과 흉악한 자들과 살인자들과 음행하는 자들과 점술가들과 우상 숭배자들과 거짓말하는 모든 자들은 불과 유황으로 타는 못에 던져지리니 이것이 둘째 사망이라"(계 21:8)

그러나 하나님께서 자기 백성과 영원히 함께하시겠다는 약속의 성취는 아담과 하와의 불순종으로 말미암아 쫓겨났던 그 에덴동산의 회복에서 보게 될 것이다. 새 에덴동산이라 말할 수 있는 새 하늘과 새 땅, 즉 하나님과 그 백성들이 함께 교제하며 동행하는 그곳에는 사망이 없고 애통함이나 아픈 것이 없는 만물을 새롭게 하신 세계이다(계 21:4-5). 보좌에 앉으신 주가 말씀하셨다. 이기는 자들은 이것들을 상속으로 받으리라 나는 그의 하나님이 되고 그는 내 아들들이 되리라. 그곳은 항상 기쁨과 즐거움만이 있는 하나님과 함께하는 영원한 복락이다. 약속에 따라 이 땅에서 하나님과 함께 믿음의 삶을 살며 주와 동행하는 자들이 누리는 참된 소망이 아닐 수 없다.

"주께서 생명의 길을 내게 보이시리니 주의 앞에는 충만한 기쁨이 있고 주의 오른쪽에는 영원한 즐거움이 있나이다"(시 16:11)

사람이 나를 사랑하면 내 말을 지키리니
내 아버지께서 그를 사랑하실 것이요
우리가 그에게 가서 거처를 그와 함께하리라

# 15
# 하나님과 함께하는 **비결**

"하나님을 가까이하라 그리하면 너희를 가까이하시리라 죄인들아 손을 깨끗이 하라 두 마음을 품은 자들아 마음을 성결하게 하라"(약 4:8)

구원을 위해서는 행위가 그리 중요한 것이 아니다. 구원은 믿음으로 얻는 것이고, 그 믿음마저도 하나님이 거저 주시는 은혜의 선물이기 때문이다. 그러나 하나님의 임재가 내게 임하여 하나님의 영광을 보거나 하나님의 손을 느끼거나 하는 것은 거저 주어지는 것이 아니다. 물론 하나님께서 의도를 가지시고 소명하신다면 그것은 별개의 문제이다. 예수께서 믿는 자들을 핍박하던 바울을 찾아오듯이 말이다. 그러나 일반적으로 성경은 우리에게 하나님과 함께하기를 원한다면 주를 찾으라고 요구하신다.

> "…너희가 여호와와 함께하면 여호와께서 너희와 함께하실지라 너희가 만일 그를 찾으면 그가 너희와 만나게 되시려니와 너희가 만일 그를 버리면 그도 너희를 버리시리라"(대하 15:2)

　이미 서술하였거니와 하나님은 항상 우리와 함께 계신다. 우리 위에, 우리 가운데, 우리 안에 충만히 계신다. 그렇다고 누구에게나 임재하여 계시지는 않는다. 하나님이 함께하시기를, 즉 임재하시기를 바라는 자들은 하나님과 함께하기를 원하는 마음의 간절함이나 열정이 있어야 한다. 무엇보다 죄를 버리고 성결케 되어야 한다. 거룩하신 하나님 앞에 신을 벗어야 한다. 말씀에 순종함을 통하여 하나님의 임재를 경험할 수 있다. 그렇다고 우리의 의지나 생각대로 하나님이 기계적으로 움직이시는 분은 아니시다. 하나님은 선지자들과 이스라엘 백성들의 고통과 어려움을 보시면서 하나님의 계획 가운데, 오랫동안 침묵하기도 하셨다. 그러므로 성경에서의 요구는 매우 당연하며, 하나님은 만홀히 여김을 받으시는 분이 아니라는 사실을 알아야 한다.

　하나님과 함께하는 삶을 사는 이들에게서 공통적으로 드러나는 중요한 모습 몇 가지가 있다.

## 마음 문 열기

"볼지어다 내가 문밖에 서서 두드리노니 누구든지 내 음성을 듣고 문을 열면 내가 그에게로 들어가 그와 더불어 먹고 그는 나와 더불어 먹으리라"(계 3:20)

이 말씀은 라오디게아 교회에 주신 말씀이다. 불신자인 이방인들에게 주신 말씀이 아니라 믿음 안에 있는 교회에 주신 말씀이다. 이 말씀 앞에 언급된 구절이 우리를 주목하게 만든다.

"무릇 내가 사랑하는 자를 책망하여 징계하노니 그러므로 네가 열심을 내라 회개하라"(계 3:19)

하나님과 함께하기 원하는 사람은 먼저 마음 문을 열어야 한다. 하나님은 강제하시는 분이 아니다. 마음의 문을 여는 것은 자아가 깨어져야만 열 수 있다. 문을 열어라! 고집스러운 아집으로 똘똘 뭉친 거짓 자아는 더욱 문을 굳게 잠글 뿐이다. 회개하여 문을 열고 참된 자아를 찾아야 한다. "주여! 내 마음의 문을 엽니다. 내 속에 들어와 좌정하사 나를 다스리소서"라고 고백하라. 그것은 진리이신 주님과 함께하는 삶이다. 자기중심의 세계관에서 하나님 중심의 세계관으로의 변화이다. 이는 가치관의 변화를 가져올 것이다.

하나님이 함께하시는 풍성한 삶을 누리고 싶은가? 자기중심의 삶이 아닌 그리스도 중심의 삶으로 전환하라. 주와 함께 살기 위해서는 자신의 자아를 십자가에 못박아야 한다. "그리스도 예수의 사람들은 육체와 함께 그 정욕과 탐심을 십자가에 못박았느니라"(갈 5:24)

하나님의 아들 예수께 대한 마음 문을 여는 믿음은 주의 계명을 가지고 지키는 자로서 출발한다. 예수께서 말씀하신다. "사람이 나를 사랑하면 내 말을 지키리니 내 아버지께서 그를 사랑하실 것이요 우리가 그에게 가서 거처를 그와 함께하리라"(요 14:23)

예수를 사랑하는 자들은 말씀의 계명을 의무적으로 지키는 자가 아닌 사랑함으로써 주의 말씀을 지키는 자이다. 누구를 사랑하는 일은 마음 문을 여는 일이다. 나를 위해 높은 하늘 영광 버리시고 이 땅에 오셔서 자기를 십자가에 내어주신 하나님의 아들이 누구인지 안다면 마음의 문을 어찌 열지 않을 수 있겠는가. 죄인을 용서하시는 하나님의 그 아버지의 사랑과 자기를 온전히 내어주신 예수 그리스도의 구속의 은혜를 안다면 어찌 예수를 사랑하지 않을 수 있겠는가!

### 교제하기

"우리가 보고 들은 바를 너희에게도 전함은 너희로 우리와 사귐이 있게 하려 함이니 우리의 사귐은 아버지와 그의 아들 예수 그리스도와 더불어 누림이라"(요일 1:3)

하나님과 실제적인 사귐을 위해서는 조건이 있다. 그것은 하나님이 빛이시기에 어두운 가운데 행하면 도저히 함께할 수 없는 것이다. 그러므로 요한 사도는 하나님이 빛 가운데 계신 것 같이 빛 가운데 행하여야 서로 사귐이 있다고 말한다(요일 1:7). 빛 가운데 행하기 위해서는 진리의 말씀이 자신의 속에 있어야 한다. 하나님 앞에 진실함이 필요하다. 하나님은 영이시나 인격을 가지신 분이시다. 하나님은 거짓을 미워하신다. 정직히 행하여야 한다. 정직을 위해서 매일매일 하나님의 말씀 앞에 자신을 거울에 비추어 보듯 보아야 한다. 이를 위하여 정기적인 말씀 묵상이 필요하다. 말씀의 거울 앞에 비춰보고 잘못된 것을 고치는 자가 은혜를 받는다.

J. I 패커는 그의 책 "하나님을 아는 지식"에서 묵상을 "하나님의 일과 방법과 목적과 약속을 생각하고 되새겨보며 적용시키는 것이다. 하나님께서 임재하셔서 지켜보고 계시는 가운데 하나님과 교통함으로 도움을 구하고 행하게 되는 거룩한 생각에 의한 행동이다"

라고 정의했다. 이 묵상을 가장 잘한 성경의 인물은 다윗이라 할 수 있다. "다윗 왕이 <여호와 앞에 들어가 앉아서> 가로되 주 여호와여 나는 누구이오며 내 집이 무엇이관데 나로 이에 이르게 하셨나이까"(삼하 7:18)

위의 <여호와 앞에 들어가 앉아서>란 구절은 하나님과 함께하며 이야기하고 묻고 말씀을 듣는 교제하는 자의 모습이다. 이를 우리는 '묵상'이라 한다. 왜냐하면 하나님은 보이지 않는 영이시기 때문이다. 다윗의 시편들을 보라. 얼마나 그가 어려운 환경 가운데서도 하나님께 아뢰고 묻고 하나님의 답을 구했는지 알 수 있다.

주님과 교제하기 위해서는 수시로 묵상해야 한다. 함께하시는 하나님 앞에 나아가 앉아야 한다. 주께 묻고 아뢰며 그분의 음성을 들어야 한다. 때로는 주님의 강력한 임재를 체험할 수도 있다. 그러나 다윗은 블레셋과 암몬과 전쟁에서 차례대로 이겨 자신의 왕국이 튼튼한 기초를 이루었다고 생각할 때 이 묵상의 삶을 잊어버렸다. 하나님과 교제함을 잊었다. 그래서 전장에 나가야 함에도 나가지 않고, 저녁 시간 한가히 왕궁 옥상을 거닐다가 우연히 우리아의 아내 밧세바가 목욕하는 것을 보고 그 아름다움에 미혹되어 그녀를 취하였다. 그 결과 밧세바는 임신했고, 다윗은 이 사실을 숨기려고 충성스러운 부하 우리아를 전쟁터 최전선에 보내어 죽게 하는 악한 죄를 저질렀다. 그 후 다윗은 나단 선지자의 책망을 듣고 회개하였으나(시편 51편 참조), 자신이 뿌린 죄악의 결과로 "칼이 네 집에서 영원히 떠나지 아니하리라"는 심판의 말씀을 듣게 되었다. 후에 다윗은 아들 압살롬의 반역으로 예루살렘에서 도망가는 수모를 겪는 등 자신의 죄악으로 말미암아 여러 고통을 감수해야만 했다.

다윗은 교만으로 하나님 앞에서 묵상을 잊었다. 다윗도 그러했는데 하물며 우리가 하나님 앞에서의 묵상을 잊어버리거나 등한시한다면, 육신의 교만과 게으름이 우리를 삼켜 사람 앞에서 하나님을 모르는 자처럼 행동 할 수도 있다.

하나님께서 여호수아에게 약속하여 행할 것을 명령하신 것도 묵상이다.

"이 율법책을 네 입에서 떠나지 말게 하며 주야로 그것을 묵상하여 그 안에 기록된 대로 다 지켜 행하라 그리하면 네 길이 평탄하게 될 것이며 네가 형통하리라"(수 1:8)

하나님 앞에서 주의 말씀을 붙잡고 묵상하는 자가 하나님과 교제하는 자이다.

"너희를 불러 그의 아들 예수 그리스도 우리 주와 더불어 교제하게 하시는 하나님은 미쁘시도다"(고전 1:9)

## 동행하기

"그들이 서로 이야기하며 문의할 때에 예수께서 가까이 이르러 그들과 동행하시나 그들의 눈이 가리어져서 그인 줄 알아보지 못하거늘"(눅 24:15-16)

위 말씀처럼 주님이 동행해 주셔도 눈이 가리어져 알지 못할 수도 있다. 그래서 동행이란 설교 주제에 꼭 나오는 예화 하나가 있다.

어떤 사람이 꿈속에서 자신의 인생의 발자취를 파노라마처럼 보고 있었다. 자기 발자국 옆에는 또 다른 사람의 발자취가 있음을 보았다. 그것은 자신과 동행해 주셨던 주님의 발자국임을 금방 이해할 수 있었다. 그런데 자신의 삶에서 가장 힘들고 어려웠던 시기에 나타난 발자취는 한 사람만의 발자국뿐이었다. 그래서 그는 생각했다. 주님이 나 혼자 걷게 하셨으므로 그렇게 어려웠구나! 그리하여 그는 주님을 찾아 물었다. 주님! 어찌 저렇게 어려울 때 저 혼자 걷게 두셨나요? 주님이 대답하셨다. 그건 네 발자국이 아니라 나의 발자국이다. 내가 너를 업고 걸었느니라.

이 예화는 주님은 즐거울 때나 어려울 때나 항상 언제든지 우리와 함께하신다는 것을 이야기한다. 그러므로 하나님과 함께하기를 원하는 자들은 적극적으로 자신의 의지로 주님과 동행 하기를 원하라. 주님이 그럴 때 꼭 하시는 말씀이 있다. *"누구든지 나를 따라오려거든 자기를 부인하고 자기 십자가를 지고 나를 따를 것이니라"*(막 8:34) 왜냐하면 동행을 위해서는 같은 방향을 바라보아야 하기 때문이다. 서로 다른 목적을 가지고는 동행할 수 없다. 곧 주님의 뜻을 따라 살아야 동행할 수 있다.

성경 인물 중 하나님과 동행했다고 증거를 받은 사람은 에녹이다(창 5:24). 그는 300년을 하나님과 동행했다. 이 말씀은 하나님과 그 긴 시간 한결같이 하나님과 뜻을 같이했다는 말이다. 그 결과 그는 죽음을 보지 않고 하나님이 데려가셨다고 했다. 축복이다.

제자는 특별히 주님이 동행하려고 부르신 자들이다. 예수님은 자신이 부르신 제자들과 늘 함께하셨다. 그러므로 주님과 함께하고자 하면 주님의 뜻을 따르려는 제자의 삶을 소망하라. 우리가 연약한데 어찌 주님 말씀대로 자기를 부인하고 자기 십자가를 질 수 있을까? 염려하는 이들이여! 그런 두려움이나 염려를 하지 말라. 각오하고 따르면, 감당할 수 있는 힘을 주시고 정말 우리를 업고 걸으시는 주님을 경험하게 될 것이다. 그러기에 주님은 제자들에게 땅끝까지 이르러 내 증인이 되리라 말씀하셨고 세상 끝날까지 함께하시겠다고 동행을 약속하셨다.

제자는 이와 같이 예수 그리스도의 증인이 되어야 한다. 증인이란 말은 순교자라는 뜻을 지닌 헬라어 "말투스(Martus)"에서 나왔다. 순교란 신앙을 증거하기 위해 죽임을 당하는 일을 뜻한다. 그러므로 증인이란 순교자의 자세가 요구된다. 바울은 믿음의 아들 디모데에게 이 증인의 삶을 요구하였다. 복음과 함께 고난을 받으라 하였다(딤후 1:8). 더불어 제자는 복음 전파와 함께 자신과 같은 또 다른 제자를 양육하는 자이다. 주께서 승천하시면서 제자들에게 분부하신 말씀은 모든 민족을 제자로 세우라는 것과 가르치라는 것이었다.

"너희는 가서 모든 민족을 제자로 삼아 아버지와 아들과 성령의 이름으로 세례를 베풀고 내가 너희에게 분부한 모든 것을 가르쳐 지키게 하라 볼지어다 내가 세상 끝날까지 너희와 항상 함께 있으리라 하시니라"(마 28:19-20)

따라서 사도 바울도 아들과 같은 제자 디모데에게 권고하였다.
"네가 많은 증인 앞에서 내게 들은 바를 충성된 사람들에게 부탁하라 그들이 또 다른 사람들을 가르칠 수 있으리라"(딤후 2:2)

이로써 우리가 분명히 해야 할 것이 있다. 예수와 동행하는 자는 주님의 뜻을 따르는 제자가 되어 복음을 전파하는 증인의 삶을 살며, 복음을 받은 자들에게 주님의 말씀을 가르쳐 지키게 하는 자라는 사실이다. 이런 삶의 포괄적인 모습은 예수를 닮아 섬기는 자이다. 사도 바울이 몸으로 있든지 떠나든지 주를 기쁘시게 하는 자 되기를 힘쓰노라(고후 5:9)고 고백하듯이 어디에서나 섬기는 자로 주님을 기쁘시게 하면 그곳에 주님도 함께 계실 것이다.

## 하나님 부르기

"너희가 아들이므로 하나님이 그 아들의 영을 우리 마음 가운데 보내사 아빠 아버지라 부르게 하셨느니라"(갈 4:6)

하나님과 함께하는 삶에서 하나님과의 관계성 정립은 매우 중요하다. 무릇 하나님의 영으로 인도함을 받는 사람은 하나님의 아들이라(롬 8:14)고 했다. 하나님을 어떤 호칭으로 부르느냐에 따라 그 친밀함이 다르다. 하나님께서 자녀로 인정해 주셨는데, 함께하면서도 아버지라 부르지 않는다면 그 관계를 어떻게 친밀하다고 할 수 있겠는가?

많은 러시아인이 전쟁과 부모의 이혼으로 어린 시절 아버지의 사랑을 누리며 살아 보지 못해 아버지의 사랑을 잘 모른다고 한다. 그래서 그들에게 하나님 아버지의 사랑을 전해도 별 감동이 없다. 오늘날 많은 그리스도인 역시 하나님 아버지의 크신 사랑을 가슴으로 느끼지 못한다. 그래서 하나님 아버지라고 부르는 것에 인색하다. 그러나 성령이 우리 안에서 역사하시는 대로 하나님을 아버지로 부른다면, 그 아버지의 사랑이 우리의 삶 전반에 은혜로 넘침을 알게 될 것이다.

아버지와 아들의 관계에서 아들은 아버지로부터 유업을 받을 자이다. 그리스도인들은 하나님을 아버지라 부른다. 이는 큰 특권이요, 은혜이다. 큰 한숨 쉬고 "하나님 아버지!" 한번 부르면 속에 맺혀 있는 모든 것이 해결된 것 같은 시원함을 누려보라. 예수께서도 답답할 때마다 아버지를 찾으셨다. 그리고 무리에게 혼자 있는 것이 아니라고 말씀하셨다. "나를 보내신 이가 나와 함께 하시도다 나는 항상 그가 기뻐하시는 일을 행하므로 나를 혼자 두지 아니하셨느니라"(요 8:29)

사도 바울은 말했다. "자기 아들을 아끼지 아니하시고 우리 모든 사람을 위하여 내주신 이가 어찌 그 아들과 함께 모든 것을 우리에게 주시지 아니하겠느냐"(롬 8:32)

함께하셔서 동행하는 삶 속에서 '하나님 아버지' 부르기를 연습하라. 하나님은 분명히 내가 여기 있다고 응답하실 것이다. 진정 마음의 중심에서 하나님 아버지를 부르라. 경배와 찬양을 하며 부르라. 기도와 간구를 행하여 하나님 아버지의 이름을 부르라. 어떤 형태로든지 할렐루야 거룩하신 하나님을 경외하여 '하나님 아버지'를 부르라.

우리는 아버지 이름 대신 주님이라 부른다. 그분이 만유의 주이시며 나의 주인 되심을 고백하는 것이다. 하나님의 주권을 인정하는 고백이다. 구약 성경에 여호와는(야훼) 하나님의 이름으로, '스스로 있는 자'이다. 구약의 백성들은 이 하나님의 이름이 너무 거룩해서 야훼 이름이 나오면, 거룩하신 하나님의 이름을 감히 부르지 못하고, 헬라어인 '아도나이(주)'로 대체해 불렀다. 러시아 성경은 70인역(Septuaginta)에 많이 의존하여 번역하였으므로, 구약에 나오는 야훼를 거의 '고수쁘지(주님)'라 번역하였다.

그러므로 습관적으로 부르는 명칭이 아니라 고백적 호칭이 되어야 한다. 누구든지 주의 이름을 부르는 자는 구원을 얻는다(롬 10:13)고 했다. 주님의 이름 자체가 권세이다. 빌립보서는 이렇게 말한다. "모든 입으로 예수 그리스도를 주라 시인하여 하나님 아버지께 영광을 돌리게 하셨느니라"(빌 2:11)

주님과 함께하는 생활 속 어디에서나 주님의 이름을 친밀하게 부르라. 만유의 주되심을 고백하며 부르라. 기도 가운데, 예배하며, 주께서 하신 일을 전하며, 예수 우리 주의 이름을 높여라. 주 예수의 이름에 권능이 있다. 할렐루야 찬양하라.

사도 바울은 데살로니가 교회에 편지하여 "우리 하나님과 주 예수 그리스도의 은혜대로 우리 주 예수의 이름이 너희 가운데서 영광을 받으시고 너희도 그 안에서 영광을 받게"(살후 1:12) 기도한다고 하였다. 더불어 바울은 "온전히 담대하여 살든지 죽든지 내 몸에서 그리스도가 존귀하게 되게 하려 하나니 이는 내게 사는 것이 그리스도니 죽는 것도 유익"(빌 1:20-21)하다고 고백했다. 그렇다. 그리스도 예수의 이름을 온몸으로 고백하고 불러 그를 높이고 영화롭게 하라. 이것이 주와 함께하는 자의 기쁨이다.

그 이름 아름답도다
예수의 이름
그의 이름 경이롭도다
예수의 이름
그 이름 강력하도다
예수의 이름

## 주님 닮아가기

"그의 안에 산다고 하는 자는 그가 행하시는 대로 자기도 행할지니라"(요일 2:6)

인간은 하나님의 형상으로 지음 받은 존재이나 타락으로 그 형상을 거의 잃어버렸다. 그러므로 사람에게 먼저 요구되는 것은 하나님의 형상 회복이다. 따라서 성경은 "하나님을 따라 의와 진리의 거룩함으로 지으심을 받은 새 사람을 입으라"(엡 4:24) 했다.

하나님이 큰 약속을 주사 이 약속으로 정욕 때문에 세상에서 썩어질 것을 피하여 신성한 성품에 참여하는 자가 되게 하려 하셨다고 했다(벧후 1:4). 그러므로 우리가 신의 성품에 참여하는 자가 되기 위해서는 하나님의 큰 약속을 믿음의 인내로 꽉 붙잡아야 한다. 하나님의 큰 약속은 주님의 다시 오심과 영원한 주의 나라, 새 하늘과 새 땅이다. 거기에서 주님과 함께하는 영광스러움이다. 이것을 바라며 소망 가운데 믿음으로 굳게 설 때 세상의 썩어질 것들, 곧 육신의 정욕과 안목의 정욕 그리고 이생의 자랑을 피할 수 있다.

베드로 사도는 도리어 적극적으로 믿음에 덕을 공급하라고 권면하고 있다. '덕'은 그리스어로 "아레텐"이라고 하는데, 도덕적 탁월성을 의미한다. 이는 믿음 그 자체가 도덕적 탁월성을 보여 주는 것이 아님을 시사한다. 믿는다고 하면서도 여전히 옛 성품을 완전히 버리지 못해 어떤 상황 속에서는 억제되지 못하고 튀어나오는 옛사람이 죽어야 한다. 그러나 옛 성품은 죽인다고 죽는 것이 아니다. 그러므로 믿는 자들은 자신의 믿음에 덕을 공급해야 한다. 그 덕은 그리스도를 닮음으로써 얻어지는 것으로 성령의 열매이기도 하다. 이는 성령께서 주시는 은사이다.

예수께서는 내가 주와 선생이 되어 너희의 발을 씻겼으니 너희도 서로 발을 씻기는 것이 옳으니라 하시고, 서로 섬김의 본을 보여 주시며 "내가 너희에게 행한 것 같이 너희도 행하게 하려 하여 본을 보였노라"(요 13:15)고 말씀하셨다.

사도 바울은 데살로니가 교회에 편지하여 "또 너희는 많은 환난 가운데서 성령의 기쁨으로 말씀을 받아 우리와 주를 본받은 자가 되었으니 그러므로 너희가 마게도냐와 아가야에 있는 모든 믿는 자의 본이 되었느니라"(살전 1:6-7)라고 했다. 믿는 자가 본받아야 할 대상은 주님과 사도들의 믿음과 성품이다. 이어서 그는 "내가 그리스도를 본받는 자가 된 것 같이 너희는 나를 본받는 자가 되라"(고전 11:1)고 자신과 닮는 삶을 살 것을 권면했다. 그런데 본받는 것은 한두 번 본받아서 되는 것이 아니라 계속해서 본받아야 한다. 마치 그림에서 본을 따라 반복하여 그리다 보면 어느덧 완전한 모습의 형태를 그릴 수 있게 되는 학습 방법처럼, 이것이 그리스도인들이 변화되는 성화의 이치이다. 하나님이 함께하는 사람들은 주님을 닮아가는 자들이다. 주님이 내 안에 내가 주 안에 거하니 그 하나 됨의 비밀이 크다. 바울은 이것을 이렇게 말했다.

"내가 그리스도와 함께 십자가에 못 박혔나니 그런즉 이제는 내가 사는 것이 아니요 오직 내 안에 그리스도께서 사시는 것이라 이제 내가 육체 가운데 사는 것은 나를 사랑하사 나를 위하여 자기 자신을 버리신 하나님의 아들을 믿는 믿음 안에서 사는 것이라"(갈 2:20)

# 16
# 오늘도 우리와 함께하시는 하나님
## -약할 그때에 곧 강함

"항상 우리를 그리스도 안에서 이기게 하시고 우리로 말미암아 각처에서 그리스도를 아는 냄새를 나타내시는 하나님께 감사하노라 우리는 구원 받는 자들에게나 망하는 자들에게나 하나님 앞에서 그리스도의 향기니 이 사람에게는 사망으로부터 사망에 이르는 냄새요 저 사람에게는 생명으로부터 생명에 이르는 냄새라 누가 이 일을 감당하리요"(고후 2:14-16)

이 장은 사실 처음에는 생각했다가 담지 않기로 한 것인데, 편집부의 조언으로 기꺼이 싣게 되었다. 왜냐하면 개인이 받은 하나님의 은혜란 서로 다르고 일률적으로 동일한 것이 아니기 때문이다. 곧 내가 이렇게 했기 때문에 하나님의 이런 복을 받았다고 그것을 일반화시킬 수는 없기 때문이다. 개인의 간증이란 자칫 나눔을 통한 하나님의 영광을 드러내기보다 자기를 포장하여 자랑에 빠질 위험이 높기 때문이다. 그러므로 하나님께서 함께하심으로 사역에서나 삶에서 받은 은혜가 크나, 여기서는 조금 생략함이 좋겠다.

하나님의 함께하심이 언약의 약속이며 축복이라 하였다. 그러나 하나님이 함께하셔도 환난과 고난은 있다. 세상에 악이 존재하기 때문이다. 그러므로 그것을 어떻게 극복하고 이기는가에 그리스도인의 승리가 있다. 그 과정에서 그리스도의 향기를 드러내는 자가 하나님께 영광을 돌리게 될 것이다. 하나님은 그 고난을 허락하심으로써 자기 백성들이 하나님만 의지하는지 아니하는지 보신다. 그러므로 하나님만 믿고 의지하며 말씀에 순종하여 사는 것이 언약 백성이 가야 할 길이다.

얼마 전 안산에 있는 러시아어로 예배하는 교회에 초청되어 설교를 하고 왔다. 그 교회의 교인들은 대부분 러시아나 중앙아시아에서 오신 분들이었다. 그곳 목회자는 상트페테르부르크에서 함께 믿음 생활을 했던 올가 자매이다. 그녀는 한국에 와서 어려운 가운데서도 신학교에서 공부하였고, 한국인 신학생 남편을 만나 결혼하고 러시아어로 예배하는 이 교회를 개척하여 수년을 자립 교회로 세워지기까지 부부는 열심히 목회하였다. 그러나 작년 남편이 암으로 갑자기 하나님의 부르심을 받았다. 현재 올가 자매는 이런 큰 어려움을 극복하고 어린 두 자녀를 홀로 양육하며, 남편을 이어 전도사로 교회를 섬기고 있다. 교회 성도들은 흔들림 없이 올가 자매를 후임 담임 목회자로 세워, 함께 전보다 더 뜨겁게 교회를 섬기고 있었다. 그녀는 얼마 후 절차에 따라 목사로 안수를 받을 예정이다. 남편을 먼저 보낸 아내로서의 올가 자매와 엄마 옆에서 떨어지지 못하는 어린 두 자녀를 보면서 어떤 이는 "하나님은 어디 계신가"라고 묻지 않을 수 없을 것이다. 필자도 어떤 말로 그녀의 마음을 위로해야 할지 몰라, "힘내세요. 하나님이 항상 함께하십니다"라고 말했다. 그러나 그녀는 필자보다 훨씬 더 씩씩했고 도리어 선교사인 나를 격려해 주었다.

우리는 왜 하나님께서 그렇게 빨리 어린 자녀들을 남겨 둔 채 올가 자매의 젊은 남편을 불러 갔는지 모른다. 하나님의 주권을 이야기하기보다 레프 톨스토이의 "사람은 무엇으로 사는가"에 나오는 이야기로 그 물음의 답을 찾아보는 것이 좋겠다. 우리가 아는 대로 사람의 마음속에는 하나님의 사랑이 있고, 더불어 우리 자신들은 내일 일을 알지 못하기에 오늘 무엇이 필요한지 모르고 살지만, 사람은 사랑으로 산다.

그날 예배는 어느 교회 못지않게 뜨겁게 드려졌다. 한국에서 러시아어로 부르는 찬양은 은혜가 넘쳤다. 설교 전에 필자가 회중을 향해 한국에 와서 처음 교회 나온 사람이 있는지를 물었다. 한 사람도 손을 드는 이가 없었다. 이는 그들이 모두 살던 고향에서 예수님을 믿다가 고향을 떠난 이들이란 이야기이다. 이들은 모두 야곱처럼, 저마다 다양한 이유로 고향을 떠나 타지인 한국에 와서 언젠가 돌아갈 날을 생각하며 열심히 사는 사람들이다. 그들도 떠날 때 "하나님이 나와 함께 계셔서 내가 가는 이 길에서 나를 지키시고 먹을 떡과 입을 옷을 주시어 내가 평안히 아버지 집으로 돌아가게 하시면 여호와께서 나의 하나님이 되실 것이요, 이곳이 당신의 성전이 될 것입니다"라고 고백하지 않았을까? 그들은 모두 이 땅에서 나그네라 불리움을 받는 연약한 사람들이었으나 그들의 찬양은 소망으로 가득차 있었다. 그날 하나님의 은혜가 풍성한 예배가 될 수 있었던 것은 하나님께서 함께해 주시기를 소원하는 공동체였기 때문이라 믿는다. 하나님이 함께하여 주시기를 간절히 바라는 사람들이 모이는 교회는 아름답다.

필자는 선교사이다. 선교의 이야기는 내가 그리고 당신이 그리스도인이 되어가는 이야기이다. 내가 온전한 그리스도인이 되지 못한 채 전하는 복음은 왜곡되어 후에 나쁜 냄새를 풍길 수밖에 없다. 그러므로 삶을 냄새와 향기로 표현한 말씀이 이채롭다. 그리스도인은 그리스도를 아는 냄새를 나타내어야 한다. 그러므로 선교사가 되는 것이 어려운 것이 아니라 선교지에서 그리스도인으로 사는 것이 어렵다. 그래서 하나님은 선교사를 고난을 통해 훈련시키시는 것인지도 모른다. 하나님 앞에서 그리스도의 향기로 살도록 말이다.

필자는 하나님께서 우리 가정과 함께하신다는 것을 종종 아내의 긍정적인 답변과 웃는 얼굴에서 발견하곤 한다. 왜냐하면 삶을 봤을 때는 도저히 긍정적이거나 웃을 수 없는 형편과 처지에 있기 때문이다. 도대체 그녀의 저 웃음과 긍정적인 마인드는 어디서 오는 것일까? 그것은 소망에 대하여 묻는 자들에게 주는 답이라 생각한다. 어쨌든 아내의 믿음은 늘 우리 가정의 활력소가 되고 있다.

아내는 신장이 망가져 오랫동안 혈액 투석을 하고 있는 신부전증 환자이다. 혈액 투석은 몸 전신의 피를 거의 4시간 이상 인공 신장기에 걸러 새로 주입하는 과정이다. 이를 하루걸러 한 번씩 해야 한다. 이를 하지 않으면 생명이 위험해진다. 일단 혈액 투석을 하고 나면 육체는 거의 초주검이 된다. 아내는 이 투석을 거의 20여 년 이상을 해왔다. 이런 치료를 받고 있는 많은 사람이 여러 합병증으로 세상을 떠나기도 한다. 아내는 긴 세월을 혼자서 자신의 병과 투병하며 감당해 왔다. 그러나 아직도 자신의 화초에 물을 주듯 꽃을 피우는 소망을 품고 긍정적 마음으로 사는 아내를 문득문득 경이로움을 갖고 바라보게 된다. 필자는 이런 아내를 고국에 두고 선교라는 이름으로 홀로 사역지에 남아 있다. 이는 변명처럼 보이지만 아내가 받은 은혜가 하나님의 뜻이 되었다.

 아내는 선교지에서 신부전증으로 폐까지 물이 차올라 호흡이 어려워 사경을 헤매는 가운데, 현지에서 1개월가량 응급 치료를 받고 산소 호흡기를 착용한 채 고국으로 실려 나갔다. 그때 필자는 하나님께 원망 비슷한 것을 했었다. "하나님의 일을 위해 이 땅에 보내셨다면 지켜주시고 보호해 주셔야 하지 않나요? 기적과 치유의 하나님이 좀 도와주시면 안 되나요, 왜 저렇게 망가진 채로 그냥 내버려 두시나요?"라고 하소연했다. 그러나 시간이 지나면서 아내나 나나 참 겸손하게 되었다. 사역도 우리가 뭐 잘나서 하는 것처럼 초기에 얼마나 교만했는지 모른다. 사역의 자랑도 결국 자기 의를 내세우는 것에 지나지 않았다. 그때만큼 "내가 약한 그때에 강함이라"(고후 12:10)는 사도 바울의 말씀을 연구한 적이 없을 정도로 깊이 묵상했다. 아내의 질병은 필자에게 육체의 가시가 되어 필자를 겸손하게 하는 거울이었다. 그리고 아내는 투석하면서, 처음 선교지에 가겠다는 필자의 의사에 거부감을 나타냈던 것과 달리 이제는 선교에 적극적인 기도의 용사와 후원자가 되었다.

제임스 패커의 책을 읽다 보니(소망. IVP간 김기호 역. 불완전한 사람들을 다루시는 하나님의 방법) 필자의 문제에 답을 얻은 것 같아 기뻤다. 그의 답은 우리 주변에서 일어나는 모든 일을 하나님의 사랑이라는 견지에서 해석하라는 것이다.

"하나님이 우리를 은혜로 다루실 때는 우리를 부수고 겸손하게 하며, 다른 사람에게나 어울릴 만한 자리라고 생각했던 곳으로 우리를 끌어내리십니다. 우리가 죽었다고 느낄 때 비로소 우리는 소생할 것입니다."

아내의 병은 한참이나 우리를 밑바닥으로 떨어지게 하는 경험을 하게 했다. 우리는 모든 것을 다시 시작해야 했다. 항상 새롭게 시작하게 하시는 하나님께 감사하자. 왜냐하면 하나님은 새로 시작하여도 항상 늦지 않았음을 알게 도와주시는 분이기 때문이다. 그때부터 필자는 사실 나의 의보다 하나님의 뜻이 이루어지기를 기도하며 사역하기 시작했다. 그것의 열매가 초교파 선교사들의 팀 사역인 미르선교회이다.

아내는 사역지를 철수하고 고국으로 돌아가겠다는 필자의 생각을 늘 소망의 언어로 꺾었다. 하나님은 치료하시는 하나님이시며,

자신을 치료하신 후 선교지로 보내시기를 원하신다는 것이 아내가 필자에게 주는 메시지였다.

그 후 아내는 필자에게 이런 말을 했다. 자신 때문에 하나님의 일이 중단되는 것이 싫었단다. "우리 인생의 고난과 환경으로 인하여 하나님의 일은 포기되거나 중단되어서는 안 된다. 하나님의 일은 계속되어야 한다." 이것이 아내의 소신인지, 아내를 통해 하나님이 주신 메시지인지는 잘 모른다. 분명한 것은 아내의 자신의 병에 대한 긍정적인 의사는 하나님의 치유에 대한 능력을 부정할 수 없었던 필자를 선교지에 머물게 하였고 여기까지 왔다.

아내는 아직 치료되지 않았으나 하나님께 대한 신뢰는 절대적이다. 그녀는 오늘도 승강기에서 만나는 분들 누구에게나 먼저 인사하고 말을 건넨다. 주일은 아내가 가장 힘든 하루이다. 투석을 이틀에 한 번 해야 하는 데 투석 병원이 일요일은 쉬는 관계로 하루를 더 버티어야 한다. 그러므로 주일 오후가 되면 온몸의 피가 오염되어 혈압은 불규칙하고 호흡은 거칠다. 어쩌면 집에서 쉼이 필요하다. 그러나 예배당에서 아내가 열정적으로 찬양하며 하나님을 예배하는 모습에서 환자의 모습은 어디에도 없다. 함께하시는 주님이 주시는 힘의 능력이라 믿는다. 아내가 긍정적 에너지는 어디에서 나오는가? 주님이 함께하심이다. 하나님은 그녀에게 육체적인 완전한 치유는 주시지 않으셨으나 육체로부터 그 영혼의 자유함과 질병을 견딜 수 있는 믿음의 인내를 주셨다고 믿는다. 자신의 연약함을 알고 겸손히 하나님을 의지하며 주와 동행하여 사는 것이 건강하여 하나님의 뜻을 무시하며 사는 것보다 낫다고 그녀는 생각한다.

> "그러므로 내가 그리스도를 위하여 약한 것들과 능력과 궁핍과 핍박과 곤란을 기뻐하노니 이는 내가 약할 그 때에 곧 강함이니라"(고후 12:10)

우리에게는 두 딸이 있다. 큰딸은 뉴욕 근교에서 미국인 교회를 담임 목회자로 섬기고 있다. 둘째는 토론토 대학교에서 교수로 근무하고 있다. 사실 우리 부부는 아이들을 위해 특별히 어떤 교육의 목표나 무엇이 되어야 한다는 소신으로 양육하지는 못했다. 초기는 선교지 정착을 위해 우리 부부는 바쁘게 여기저기 쫓아다녀야 했고, 아내가 병든 후에는 아내는 아내대로 자신의 몸 하나 지탱하기 힘든 질병과 투병하며 살아야 했고, 나는 나대로 선교지에 선교사로 살아남기 위해 살아야 했기 때문이다.

우리는 아이들을 하나씩 맡기로 하고 작은 아이는 아내가, 큰아이는 내가 데리고 있었다. 그저 밥 굶기지 않고 학교 보내는 것, 그것이 부모로서 할 수 있는 최소한의 역할이었다. 작은아이는 한국에서 중고등학교와 대학을 나오고, 큰아이는 한국에서 대학 교육을 마쳤다. 어려서 한국을 떠나 한국에서 교육을 받아 본 적이 없는 아이들이 한국에서 교육을 받는 것이 얼마나 어려운지 알지만, 우리의 처지에서는 별다른 선택의 여지가 없었다. 오로지 우리와 함께하시는 하나님만 의지할 뿐이었다. 그러나 저들이 잘 견디어 주었고 적응해 주었다. 아내의 긍정적인 삶의 자세와 믿음의 기도 덕이다. 돌아보면 하나님이 도와주셨고 바르게 양육시키셨고 미국 유학도 둘 다 장학금의 혜택으로 교육받게 해 주셨다. 이것을 누구는 선교사로 산 하나님의 보상이라고 한다. 아니다. '하나님께서 우리와 함께하심'이다. 하나님의 약속이다. 우리의 인생이 아직 끝나지 않았으나 여기까지 인도하심은 하나님께서 함께하심으로써 얻은 형통함이다. 우리는 내일 일을 모른다. 하나님의 선하신 손 안에 있다는 것을 믿기에 함께하시는 주와 동행하는 삶에 주님의 뜻을 구하는, 주를 기쁘시게 하는 자 되기를 힘쓸 뿐이다.

할렐루야!

# 나가는 말

우리는 하나님이 함께해 주시기를 원한다. 하나님이 함께해 주시 겠다고 약속했음에도 왜 우리는 간절히 소원하는 것일까? 또한 무 소부재하신 하나님은 어디에나 계시고 우리 가운데에 우리 안에 충만히 계시는데 불구하고 우리와 함께해 주시기를 바란다. 그것은 하나님이 영이시고 하나님을 눈으로 볼 자가 없기 때문이다. 그리 고 하나님이 함께하심을 드러내시는 것도 우리의 의지대로 되는 것 이 아니고, 전적으로 하나님의 의지와 허락하심에 의한 것이기 때 문이다. 도리어 성경은 침묵하시는 하나님에 대하여 말하고 있다.

"주께서 침묵하신다고 누가 그를 정죄하며 그가 얼굴을 가리신다 면 누가 그를 뵈올 수 있으랴"(욥 34:29)

하나님께서 그 얼굴을 가리시고 돌리신다면 절망과 어두움밖에 없다. 이 땅에 하나님의 피조물인 해가 그 빛을 가린다고 가정해 보

라. 하물며 하나님이 그 얼굴의 빛을 거두신다면 재앙이다. 하나님은 말씀하셨다. "내가 그들에게 진노하여 그들을 버리며 내 얼굴을 숨겨 그들에게 보이지 않게 할 것인즉 그들이 삼킴을 당하여 허다한 재앙과 환난이 그들에게 임할 그때에 그들이 말하기를 이 재앙이 우리에게 내림은 우리 하나님이 우리 가운데에 계시지 않은 까닭이 아니냐 할 것이라"(신 31:17)

이미 앞에서 '하나님의 얼굴'이란 하나님의 임재를 나타내는 히브리적 표현임을 말하였다. 하나님이 함께하심의 진정한 모습은 복을 주시고 지키시며 그 얼굴의 빛을 비추셔서 은혜를 베푸시고 그 얼굴로 향하여 드시어 평강을 주심이다.

예수께서 말씀하셨다.

"그날에는 내가 아버지 안에, 너희가 내 안에, 내가 너희 안에 있는 것을 너희가 알리라 나의 계명을 지키는 자라야 나를 사랑하는 자니 나를 사랑하는 자는 내 아버지께 사랑을 받을 것이요 나도 그를 사랑하여 그에게 나를 나타내리라"(요 14:20-21)

주께서 우리와 함께하신다는 것을 관념 속에서 아는 것과 영이신 하나님을 보는 것처럼 보고, 주의 영광을 체험하고, 주와 교제하며, 묵상으로 주의 음성을 들으며, 주와 함께하는 것은 다르다. 성경에 역사하시는 하나님을 지식으로 아는 것과 오늘도 함께하셔서 지키시고, 은혜 베푸시고, 평강 주심으로 나와 동행하시는 하나님을 느끼는 것은 다르다. 전자는 우리를 율법적으로 종교적으로 이끌지만, 후자는 우리를 생명의 길로 영원한 소망으로 인도할 것이다.

주님을 사랑하라. 그러기 위해 주의 계명을 지켜라. 그러면 주께서 자신을 드러내시겠다고 하셨다. 주님의 생명이 내 안에서 내 호흡과 심장의 맥박 속에 함께하는 것을 느끼게 될 때 우리는 내가 누구인가를 알게 될 것이다.

하나님의 함께하심은 부르심과 언약에 밀접한 관계를 지닌다. 단순히 은혜 베푸시기 위해 함께하심이 아니다. 하나님은 자신의 거룩한 구원 사역을 위해 자기 백성을 선택하시고 부르시고 언약을 이루시기 위해 함께하신다. 하나님이 자기 백성들을 부르시는 부르심을 보라. 구약의 하나님 백성과 신약의 그리스도인은 하나님의 언약이라는 맥락 속에 묶여 있다.

"내가 그들에게 복을 주기 위하여 그들을 떠나지 아니하리라 하는 영원한 언약을 그들에게 세우고 나를 경외함을 그들의 마음에 두어 나를 떠나지 않게 하고 내가 기쁨으로 그들에게 복을 주되 분명히 나의 마음과 정성을 다하여 그들을 이 땅에 심으리라"
(렘 32:40-41)

"우리는 살아 계신 하나님의 성전이라 이와 같이 하나님께서 이르시되 내가 그들 가운데 거하며 두루 행하여 나는 그들의 하나님이 되고 그들은 나의 백성이 되리라"(고후 6:16)

"나는 그들의 하나님이 되고 그들은 나의 백성이 되리라"는 말씀은 언약의 언어이다. 하나님과 하나님 백성과의 관계를 나타내는 말씀이다. 아브라함으로부터 구약의 이스라엘 백성들에게 그리고 신약에서 끊임없이 기억시키시는 말씀이다. 하나님은 자기 백성과 '함께하심'을 약속하셨으므로 그 백성은 백성의 의무 곧 하나님을 경외하고 순종하며, 그분의 뜻을 따라 살아가야 한다. 주의 말씀은 언제나 자기 백성을 향한 애정으로 가득차 있다.

"하나님이 이르시되 그가 나를 사랑한즉 내가 그를 건지리라 그가 내 이름을 안즉 내가 그를 높이리라 그가 내게 간구하니 내가 그에게 응답하리라 그들이 환난 당할 때에 내가 <그와 함께하여> 그를 건지고 영화롭게 하리라"(시 91:14-15)

예수께서는 승천하시면서, 땅끝까지 복음을 전파하라 명하시며, 세상 끝날까지 너희와 항상 '함께하시겠다'고 약속하셨다. 하나님의 구원 계획이 완성되는 그날까지 하나님은 우리와 함께 계셔 하나님의 뜻을 이루시고 온 세상에 하나님의 영광을 드러내실 것이다. 그러므로 하나님이 함께하는 자들의 사명은 복음 전파이다. 어떠한 삶을 살든지 자신의 삶을 통하여 하나님께 영광을 돌리는 자들이 되어야 한다.

이를 위해 하나님이 함께하는 자의 삶은 성령 안에서 삶이다. 성령 안에서란 말은 진리의 영이신 성령의 인도하심과 중보의 도움 가운데 사는 것을 의미한다. 그래서 항상 성령 안에서 기도하라 말씀하신다(엡 6:18). 주님의 약속대로 보혜사로 오신 성령 하나님은 우리 위에, 우리 가운데, 우리 안에 충만히 계신다. 성령이 계신 곳에는 예수께서도 함께 계신다. 하나님께서 새 언약에 따른 신비한 연합으로 우리와 함께하신다는 사실은 삼위일체 하나님의 비밀만큼이나 신비한 비밀이다.

"내 살을 먹고 내 피를 마시는 자는 내 안에 거하고 나도 그의 안에 거하나니"(요 6:56)

살을 먹고 피를 마시는 행위는 예수 그리스도의 십자가에서 죽으심의 구속을 믿는 믿음이 선행되어야 한다. 그 결과로 우리는 그리스도 안에 있게 된다. 즉 세례와 성찬을 통한 그리스도 예수와의 신비한 연합으로 하나님은 이제 우리와 함께 계신다. 떡과 포도주로 행하는 성찬은 그리스도의 살과 피를 먹고 마심을 상징하는 것으로, 십자가의 죽으심이 우리를 위한 그리스도의 속죄임을 고백하는 행위이며, 이로써 성령 안에서 그리스도와의 신비한 연합과 교제를 이룬다. 하나님이 함께하심의 신령한 비밀이다.

그런데 다윗은 그의 시편에서 여호와의 산에 오를 자가 누구며 그의 거룩한 곳에 설 자가 누구인가 묻는다. 이 말은 하나님을 만날 수 있는 자, 그 거룩한 하나님 앞에 설 수 있는 자가 누구냐는 뜻이다. 이어서 다윗은 손이 깨끗하며 마음이 청결하며 뜻을 허탄한 데 두지 아니하며 거짓 맹세하지 아니하는 자라고 답한다(시 24:4). 마음이 청결한 자가 복이 있나니 하나님을 볼 것이라 했다. 결국 복 있는 자는 행위와 마음의 청결과 거룩이다. 이들이 누구냐? *"이는 여호와를 찾는 족속이요 야곱의 하나님의 얼굴을 구하는 자로다"*(시 24:6) 했다. 하나님의 얼굴을 구함은 하나님의 거룩한 임재를 사모함이다.

하나님의 보좌 앞에 나아가 하나님의 임재 가운데 하나님과 교제하며 하나님의 영광을 보는 자, 하나님의 함께하심의 은혜를 누리는 자가 복이 있다.

## 하나님의 얼굴을 구하는 자가 되기 위해서는

첫째, 하나님 중심으로 하나님만 신뢰하며 살라! 하나님과 동행하는 자가 하나님과 함께하는 자이다. 하나님은 삶의 수단이 아닌 목적이다.

둘째, 하나님의 말씀 중심으로, 그 말씀에 순종하며 살라! 말씀이 우리 안에 거할 때 주님은 우리 안에 거하시겠다고 했다. 말씀이 생명이며, 하나님의 뜻을 따르는 거룩한 삶을 위한 잣대이다.

셋째, 교회 중심으로 살라! 예수 그리스도는 교회의 머리요, 교회는 그의 몸이다. 머리와 몸이 온전히 연합하여 하나가 될 때, 하나님은 우리와 함께하신다. 교회의 지체로 붙어 있어라. 지체가 몸에서 떨어지는 순간 그 지체는 생명이 없다.

하나님의 얼굴을 구하여 살고자 하는 자들은 바로 이 하나님 중심, 말씀 중심, 교회 중심의 개혁주의 신앙의 바탕에서 하나님의 영광을 추구함이 옳다. 하나님의 얼굴을 구하는 삶은 하나님이 함께하심을 원하는 자들에게 선택이 아닌 필수이다. 왜냐하면 우리를 향하신 하나님의 그 선하심의 얼굴을 마주하며, 그분을 바라보는 것이 "코람데오(Coram Deo, 하나님 앞에서)"이기 때문이다. 곧 하나님의 임재 가운데 사는 것이 하나님의 함께하심이다.